Building a better
working world

EY新日本有限責任監査法人 [編]

監査役監査の
基本が
わかる本

〚第5版〛

同文舘出版

はしがき

　本書は，新たに監査役または監査等委員（以下，監査役等）に就任され，これから監査役等としての業務を身につけていかれる方，会社の会計監査を担当する公認会計士とどのようにコミュニケーションをとったらよいかわからない方，そして監査役等としてどのような心構えで日々の業務に向きあったらいいか悩まれている方のお役に立ちたいという思いから，2013年7月に初版が刊行されました。

　本書は監査法人の視点，弁護士の視点，監査役経験者の視点から，監査役監査にとって必要な事項を取りまとめた数少ない書籍として，おかげさまでこれまで多くの読者の方にお読みいただいております。その後も改訂が進み，第4版の改訂から約3年が経過し，近年のトピックスを織り込む形で，このたび第5版が刊行される運びとなりました。

　具体的なトピックスとしては，たとえば，金融商品取引法等の一部が改正され，2024年4月1日から四半期開示制度が見直されることがあげられます。監査役等が確認する開示書類の一部が変わり，四半期レビュー制度もあわせて見直されることで，監査役等と会計監査人とのコミュニケーションの内容も変化することが見込まれます。また，会計監査人の独立性に関して，日本公認会計士協会が倫理規則を改訂したことにより，上場会社等において，2022年12月15日以後開始する会計期間から，非保証業務の提供に当たり監査役等の事前了解が必要になることなどもあげられます。

　新型コロナウイルス感染拡大が世界経済や日本経済に与えた影響は大きく，人々の生活スタイルに多大な変化を与えました。ビジネス環境においては，リモートワークの導入とあわせて，帳票の電子化も進み，企業の業務プロセスおよび内部統制に変化をもたらしています。こうした環境変化の下で，上場会社の不正や不祥事の事例は一向に減る気配はなく，そうした会社においては，問題点の掌握やその後の体制整備に向けて，監査役等の役割はますます重要性が増しています。これまで以上に監査役監査の役割が大きくなると

ともに，監査役等と公認会計士，内部監査部門等との連携の大切さも改めて意識する必要があります。

　本書は，監査役等に就任した方がその職責を全うするために必要な知識や情報をなるべくわかりやすく解説することで，監査に関わる多くの皆様のご要望にお応えできるように，改訂してまいりました。本書はもともと主に監査役等に向けて書き下ろされましたが，内部監査部門の担当者や，監査役の監査業務の内容を知りたい公認会計士や管理部門の方にとっても参考になる内容の書籍です。今後も引き続き本書が，監査業務に関わる監査役等をはじめ，多くの監査関係者の皆様のお役に立つことを祈念しております。

　最後に，初版から第4版まで本書の執筆者代表を務められ，2022年にEY新日本有限責任監査法人を定年退職された公認会計士の矢治博之氏と，本書の出版からこの度の改訂まで多大なるご尽力をいただきました同文舘出版の青柳裕之さん，大関温子さんの両氏に，この場を借りて心よりお礼を申し上げます。

　　2024年3月

編集責任者一同

監査役監査の基本がわかる本 ● 目次

第3章 監査役による監査

第4章　監査役の１年

第5章　公認会計士による監査

第6章　監査役と法令・規則

第7章　監査役と不正・企業不祥事

第8章　監査役と内部統制, コーポレート・ガバナンス

第9章　株式上場と監査役

終章　監査役経験者からの助言
－めげず，誇りをもって充実した監査をするために－

Q&A

凡　例

略　記	正式名称
会	会社法
施規	会社法施行規則
計規	会社計算規則
金商	金融商品取引法

監査役監査の
基本がわかる本
第5版

第1章

監査役とは

1. 会社の機関設計と監査役

(1) 会社の機関設計の全体像

　まず会社の機関設計の全体像をイメージしてみましょう。ここでは，監査役会，会計監査人，内部監査室を設置している株式会社を想定します。

図表1-1　会社の機関設計の全体像

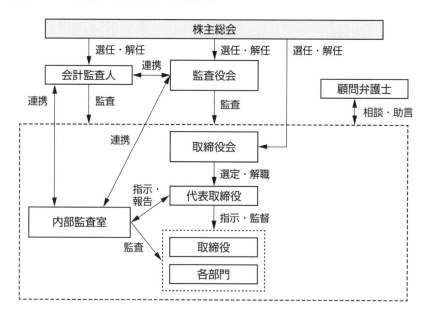

　図表1-1では，会社における機関設計上の一般的な機能が表現されています。もちろん会社によっては，この図以外の機関を有しているケースや，監査役室，内部監査部門など名称がこの図とは異なっていることもありますので，あくまでも参考としてご覧ください。

　この図から，それぞれの機関の関係がわかります。監査役と監査役を取り

巻く関係者については，**第2章**で詳述しますので，ここでは会社の機関設計のアウトラインを把握しておきましょう。

　図表1-1をみると明らかなように，監査役は会社の機関設計において，重要な役割を担っています。

　監査役は，取締役の職務執行だけでなく，会社の日常の業務についても監査をします。また，この図表では表現されていませんが，会社に子会社がある場合には，その子会社を含めた会社のグループ全体が監査役監査の対象となります。

　また，監査役は会計監査人（公認会計士）や内部監査部門などと連携を取りながら，監査を進めていくことになります。

　なお，会社が上場会社である場合，有価証券報告書を財務局に提出することになります。この有価証券報告書の「コーポレート・ガバナンスの状況」の項目で，**図表1-1**のような会社の機関設計図を「コーポレート・ガバナンスの体制図」として開示しています。したがって，上場会社については有価証券報告書を通じてその会社がどのような機関設計をしているかを知ることができます。上場会社の機関設計の実例を知りたいときなどには役立つでしょう。

(2) 監査役会設置会社の機関設計

　監査役会は，監査役3名以上で構成される機関で，監査役会を構成する監査役のうち，半数以上を**社外監査役**の要件を満たす監査役にする必要があります。

　では，具体的にどのような会社で監査役会を設置しなければならないのでしょうか。会社法では，以下のように定められています。

（監査役会の設置が求められる会社）
大会社（公開会社でないもの、監査等委員会設置会社及び指名委員会等設置会社を除く。）は、監査役会及び会計監査人を置かなければならない。（会328条1項）

公開会社とは，会社が発行する全部または一部の株式の譲渡による株式の取得に関して，会社の承認を要する旨の定款の定めを設けていない会社をいいます。つまり，株主が会社の株式を譲渡する際に取締役会等での承認が必要とされていない会社です。公開会社という表現から，上場会社と混同することがありますが，会社法で定める公開会社は上場している会社のことではありませんので，注意が必要です。

　大会社とは，以下の要件のいずれかに該当する会社を指します。

　ア）最終事業年度の貸借対照表の資本金の額が5億円以上

　イ）最終事業年度の貸借対照表の負債の額の合計が200億円以上

　すなわち，大会社のうち公開会社（監査等委員会設置会社および指名委員会等設置会社を除く）が監査役会の設置が義務づけられている会社です（以下，監査役会設置会社）。

　次に監査役会設置会社の機関設計について考えてみましょう。

　会計監査人は，大会社に設置が義務づけられています。すなわち，監査役会設置会社では，会計監査人の設置が義務づけられています。ここで1つ注意すべきは，会計監査人は公開会社でない大会社にも設置が義務づけられている点です。言葉で表現するとわかりづらいので，図で表現すると，**図表1－2**のようになります。

図表1-2　会計監査人設置会社と監査役会設置会社との関係

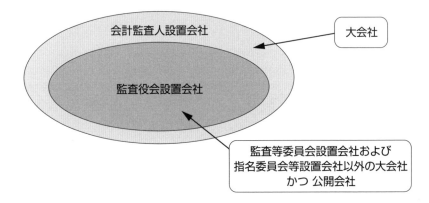

　上記は会社法で定める設置会社の基準ですが，上記の条件に該当しなくとも会社の定款上で監査役会設置会社，会計監査人設置会社を選択することができます（取締役会設置会社であることが前提です）（**巻末Q&A1参照**）。

(3) 監査役会非設置会社の機関設計

　次に，監査役会非設置会社の機関設計をみてみましょう。前項で監査役会の設置が求められる会社の定義を解説しました。ここでは，その定義から外れる会社，すなわち，監査等委員会設置会社および指名委員会等設置会社を除く，①大会社以外の会社と②公開会社以外の大会社が対象になります。

①　大会社以外の会社（監査等委員会設置会社および指名委員会等設置会社を除く）

　大会社以外の会社（監査等委員会設置会社および指名委員会等設置会社を除く）であって，会社が取締役会を設置している場合には，監査役の設置が義務づけられます（非公開非大会社を除きます）。また，もし会社が会計監査人設置会社を選択した場合も，監査役の設置が義務づけられます。

②　公開会社以外の大会社（監査等委員会設置会社および指名委員会等設置会社を除く）

　公開会社以外の大会社（監査等委員会設置会社および指名委員会等設置会社を除く）については，監査役を置かなければなりません。

　なお，上記①，②に該当する会社であって，監査役会の設置が義務づけられていない会社であっても，定款で監査役会の設置を選択した場合には，監査役会設置会社になります。

(4) 監査等委員会設置会社

　監査等委員会設置会社は，2014（平成26）年の会社法改正で，新たに導入された機関設計の仕組みです。監査等委員会設置会社は，監査役に代わって監査等委員である取締役が監査を担当しますので，監査役はいません。

監査等委員である取締役は3名以上で構成され，過半数は社外取締役でなければなりません。監査等委員は，その役割上業務執行は行えません。監査役会設置会社の場合は，少なくとも1名の常勤監査役の設置が義務づけられていますが，監査等委員は必ずしも常勤監査等委員の設置は求められていません。

　監査等委員会設置会社と監査役会設置会社との主な違いは以下のとおりです。

- 監査役会設置会社では監査役が監査機能を担うのに対し，監査等委員会設置会社では監査等委員である取締役が監査機能を担う。
- 監査等委員会設置会社では，監査等委員である取締役も取締役会での議決権を有する。
- 監査役の任期が4年であるのに対して，監査等委員である取締役の任期は2年である。
- 監査役会設置会社の場合は，各監査役の独任制監査だが，監査等委員会設置会社では，組織監査である。

　なお，監査役，監査等委員である取締役ともに，任期の短縮は認められません。

　2022年7月時点で東京証券取引所（以下，東証）に上場している会社のうち，36.9%が監査等委員会設置会社に移行しており，3社に1社は監査等委員会設置会社を選択していることになります（「東証上場会社コーポレート・ガバナンス白書2023」による）。特に改訂コーポレートガバナンス・コードが公表され，独立社外取締役の選任水準が引き上げられた2021年前後で大きく増加しています。

　また，2023年に日本監査役協会が公表したインターネットアンケート集計結果によれば，監査等委員会設置会社の常勤監査等委員の平均人数は1.03人という結果が出ており，ほとんどの会社で常勤監査等委員を選任しています。

(5) 指名委員会等設置会社

　指名委員会等設置会社は，取締役会に「指名委員会」（主に取締役の選任，

解任の議案を決定），「監査委員会」（会社の監査機能を遂行），「報酬委員会」（取締役等の報酬内容の決定に関する方針や個人別の報酬内容を決定）という3つの委員会を設置する機関設計の会社です。

　各委員会は，3名以上の取締役で構成され，そのうち過半数は社外取締役でなければなりません。監査委員である取締役の任期は2年で，任期の短縮はできません。また監査委員も取締役ですので，当然取締役会での議決権を有します。指名委員会等設置会社の監査委員会も監査等委員会設置会社の監査等委員会同様，組織監査を採用しています。

　上記のように，指名委員会等設置会社における監査委員と監査等委員会設置会社における監査等委員は類似しています。主な監査等委員会設置会社との相違点は，指名委員会等設置会社では，上記のとおり3つの委員会で役割を分担しているため，取締役の選任・解任の議案の上程や取締役の報酬内容の決定をそれぞれ，指名委員会，報酬委員会が担うという点です。

　指名委員会等設置会社という機関設計は，2003年に導入されましたが，こちらは，2022年7月時点で東証上場会社の2.3％が導入しているにすぎず，監査等委員会設置会社に比べると，導入があまり進んでいません。

2. 監査役制度の概要について

　監査役は，株式会社の機関の1つとして位置づけられます。株式会社では，取締役と監査役がそれぞれ株主総会で選任され，株主から委託された職務を担うことになります。まずは取締役と監査役がそれぞれ担う役割について考えてみましょう。

(1) 取締役と監査役の違い

　取締役は株主総会の**普通決議**※で選任され，取締役会決議に従って一定の会社業務の執行を担当します。したがって，取締役は取締役会の構成員とし

※　株主総会の普通決議とは，議決権を行使できる株主のうち，その議決権の過半数を有する株主が出席をしたうえで，出席した株主の議決権の過半数をもって行う決議をいいます。

ての職務執行の監督機能という側面と，取締役会から委託された業務を執行する機能という側面の，2つの側面を有することになります。

　一方の監査役は同じように株主総会の普通決議で選任されますが，監査役の役割は取締役の職務執行全般を監査，監督することです。したがって，取締役のように監査役が直接的に業務執行に関与することはありません。

　また，任期の面でも取締役と監査役は異なります。取締役の任期が原則2年（1年に短縮することも認められる）であるのに対して，監査役の任期は原則4年と定められています（短縮は認められない）。

（2）監査役の選任

　監査役の選任は株主総会の普通決議によって行われます。具体的に監査役の選任方法をみていきましょう。

　監査役の選任で特徴的なのは，株主総会に選任の議案を提出する際に監査役の過半数の同意を得ておく必要があるということです（会343条1項）。監査役が1人の場合には当該監査役の同意であり，もし監査役会を設置している会社の場合は監査役会の同意が必要です。この事前同意の制度は，同じ監査役という立場で業務に従事する人の適性などについて，既存の監査役の意見を確認するためのものと考えられます。

　さらに監査役または監査役会は，取締役会に対して監査役の選任を株主総会の目的事項とすることを請求できます（会343条2項）。このような監査役の権限や監査役選任のプロセスをみても，監査役は取締役にとって都合のいい人選ではなく，会社にとって，さらには株主にとって適切な人材が選任されるように考えられているのです。

（3）監査役の員数と任期

①　監査役の員数

　監査役の員数は，会社の定款で定めます。ただし，監査役会設置会社の場合には，監査役は3人以上選任する必要があります。さらに選任された監査役のうち半数以上は社外監査役でなければなりません。

　なお，監査役の設置が義務づけられているのは，取締役会設置会社または会計監査人設置会社です。ただし，公開会社以外の非大会社では，取締役会設置会社であっても，会計参与で足ります。

　さらに，**監査等委員会設置会社および指名委員会等設置会社**では，監査委員会が設けられるため，監査役は設置できません。

② 監査役の任期

　監査役の任期は，監査役選任後4年以内に終了する事業年度のうち最終の事業年度の定時株主総会終了の時までとなります。公開会社ではない会社の場合は，会社の定款上で，監査役の任期を選任後10年以内に終了する事業年度のうち最終の事業年度の定時株主総会終了の時まで延長することが認められています（会336条2項）。ただし，監査役の任期は定款をもってしても，4年よりも短くすることは認められていません（会336条1項）。

3. 監査役の役割と権限，義務，責任

(1) 監査役の役割

　ここで，原点に立ち返って監査役の役割を考えてみましょう。監査役は取締役会と協働して会社の一翼を担い，株主の負託を受けた独立した立場で取締役の職務の執行を監査することにより，企業の健全かつ持続的な成長を確保し，社会的信頼に応える企業統治体制を確立する責務を負っています（監査役監査基準2条1項）。監査役は，前述のように会社のガバナンス機能の重要な役割を担う機関です。

　監査役は会計監査と業務監査の2つの側面から会社の業務に対するチェック機能を果たさなければなりません。会計監査とは，一言で表現すると，会社が作成した計算関係書類が正しく作成されているのかを監査することです。一方の業務監査とは，会計以外の事業報告が正しいかどうかや，会社の日々の業務が法令や定款に違反することなく行われているかを監査することです。

会計監査と業務監査については**第3章**において詳述しますが，新しく監査役に就任された方にとっては，まず監査とは何をすべきなのか，自分にそれだけのスキルが備わっているのかということを不安に思われるかもしれません。

もちろん，監査役になってみると，たとえ監査役就任前と同じ会社であっても，立場が変わることによって，取締役や従業員との距離感が変化したと感じることがあるはずです。そのときに，監査役の役割を知り，監査役が会社に必要な機能であることを理解して監査業務に臨むことができれば，自分自身の存在意義について，さほど悩まなくて済むのではないかと思います。

（2）監査役の権限と義務

監査役には，どのような権限と義務があるのでしょうか。**図表1－3**に会社法の規定をもとに監査役の権限と義務をまとめました。監査役の権限と義務の意味を考えると，監査役制度の特徴やポイントが明らかになります。

その第1は，監査役の機能は取締役ならびに取締役会への監視，監査機能であり，直接的に取締役の行為をチェックできない株主から監査役に対してその機能について期待されていることがわかります。

第2は，監査役が監査を行うために必要な地位が確保されていることです。監査役としてだれを選任するべきかについて，監査役が意見を述べることができます。監査役の報酬に関しても監査役相互での話し合いが認められ，監査費用に関しても監査に必要な費用は会社に請求できるようになっています。

第3は，監査役と会計監査人との関係が重要であることです。監査役は株主総会に提出する会計監査人の選任，解任，不再任の議案内容を決定する権限を有しています。さらには，会計監査人の報酬等の決定にあたっては，監査役の同意を得なければなりません。こうした点からも，監査役は会計監査人の会計監査業務が適正に行われていることが説明できるよう，日頃から会計監査人とコミュニケーションを密にとり，必要な説明を受けることが不可欠であるといえるでしょう。

図表1－3　監査役の権限と義務の内容

項目	監査役の権限の内容	監査役の義務の内容	根拠条文
総論	・取締役の職務執行の監査	監査報告の作成義務	会381条1項
調査・報告	・取締役，会計参与，支配人，その他従業員へ事業報告を求める権限		会381条2項
	・子会社への調査権		会381条3項
	・取締役からの会社に著しい損害を及ぼすおそれがある事実の報告		会357条1項
	・会計監査人からの取締役の職務執行の不正行為等の報告		会397条1項
	・会計監査人への監査報告請求		会397条2項
決算監査	・計算書類（貸借対照表，損益計算書他）およびその附属明細書の監査		会436条1項，2項
	・事業報告およびその附属明細書の監査		会436条1項，2項
	・連結計算書類の監査		会444条4項
	・会計監査人からの監査報告書の受領		計規130条
取締役会	・取締役会の招集請求権	・取締役会への出席義務 ・取締役への報告義務	会383条1項 会382条 会383条2項
株主総会		・株主総会での説明義務 ・総会提出議案，書類等の調査	会314条 会384条
監査役の地位	・株主総会への監査役選任議案の同意権		会343条1項
	・株主総会での監査役選任議案提出請求権		会343条2項
	・株主総会での監査役の選任，解任，辞任に関する意見陳述権		会345条1項，4項
	・監査役間の報酬協議（定款の規定や株主総会での決議なき場合）		会387条2項
	・株主総会での監査役報酬等に関する意見陳述権		会387条3項
	・監査費用の請求権		会388条
会計監査人	・株主総会に提出する会計監査人の選任，解任，不再任の議案内容の決定		会344条1項
	・会計監査人の報酬等決定同意権	・一時会計監査人の選任義務	会399条1項 会346条4項
その他	・取締役の目的の範囲外の行為や法令・定款に違反する行為の差し止め請求権		会385条1項
		・会社が取締役を提訴する際の会社の代表	会386条1項
		・取締役が会社を提訴する際の会社の代表	会386条1項

（3）監査役の責任

　監査役に就任された方や就任予定の方にとっては，監査役の責任がどのようなものなのかも気になるところです。監査役は役員であり，会社とは雇用関係ではなく委任関係にあるため，当然のことながら会社の従業員よりも重い責任が課されます。具体的な監査役の責任についてみてみましょう。

①　会社に対する損害賠償責任

　監査役がその職務の執行において，**善管注意義務**（善良なる管理者としての注意義務のことをこのように表現します，**巻末Q&A 3参照**）違反と認められるようなことがあった場合には，監査役は会社に対して一定の損害賠償責任を負います。善管注意義務とは，簡単にいうと監査役として本来全うすべき任務を果たすことであり，監査業務を十分に実施しなかった結果として会社に損害が発生した場合にはその責任が問われます。

　監査の業務は，会社に何も不祥事などが起きない場合においては，監査手続の十分性を外部から問われることはあまりありません。一方で，何か会社業務において，対外的にも着目されるような事件や事故，不祥事が起きた場合には，監査役の善管注意義務が問われることになるのです。

　会社においては予測できないことも起こり得ますので，監査役はいつ外部から説明を求められても十分な監査を実施していたといえるように，年間を通じて監査役の責任を果たすことが肝要です。

②　第三者に対する損害賠償責任

　監査役の職務執行にあたって悪意や重大な過失があり，その結果第三者に損害が発生した場合には，監査役は第三者に対して損害を賠償する責任を負います。このことは監査役以外の他の役員，たとえば取締役についても該当し，責任が問われます。監査役の場合には，監査報告の記載事項に虚偽の記載を行った結果，第三者に損害が生じた場合の責任についても言及されています（会429条2項3号）。

③　責任の一部免除

　上記①の会社に対する損害賠償責任については，監査役の職務を行う際に善意でかつ重大な過失がなかったときは，株主総会の決議等によって，賠償責任を負う額を最低責任限度額以内にすることができます（会425条1項）。監査役の責任報酬限度額は，監査役が受け取る監査役報酬年額の2倍です。

　なお，他の役員や会計監査人に関しても最低責任限度額の定めがあります。参考までに代表取締役は年額報酬の6倍，代表取締役以外の業務執行取締役等は4倍，取締役（代表取締役および業務執行取締役等以外の者）と会計監査人は2倍です。

　また，監査役に関しては，定款に定めた場合には責任限定契約を締結することができます。責任限定契約を締結する場合，監査役の負う責任の上限額は会社があらかじめ定めた額と年間報酬額の2倍のいずれか高い額になります。前段の監査役の責任限定は事案の都度株主総会で承認を受けるのに対して，責任限定契約があれば，善意でかつ重大な過失がないときには，常に責任限定契約内での責任を問われるだけで済みます。これまでは社外監査役に限定していた責任限定契約は，2014（平成26）年の会社法改正で，全監査役を対象とすることになりました。

　この責任限定契約は，従来社外取締役に対しても同様の定めがありましたが，同改正で，業務執行取締役等ではない取締役へと対象が変更されました。

④　金融商品取引法上の監査役の責任

　上場会社においては，金融商品取引法の規定に基づき，有価証券報告書，内部統制報告書，四半期報告書等を提出します。このような上場会社の監査役は，上記で説明した責任以外に，会社が提出した有価証券報告書等に重要な虚偽記載があった場合には，当該虚偽記載によって損害を受けた投資家から損害賠償請求を受ける可能性があります。

　ただし，虚偽記載の事実を知ることができず，また監査役として正当な注意を払って監査を実施したにもかかわらず，その事実を知ることができなかった場合には，責任を負うことはありません。

15

以上，監査役の責任を解説してきました。監査役の責任を知ることは監査役が職務を遂行するうえで重要です。ただし，監査役が責任を負うのは，監査役としての職務の実施や義務の履行を怠った場合です。監査役の役割を理解し，職責を全うすれば，決しておそれることはないといえます。

(4) 監査役と監査役会の運営

監査役会は監査役全員により構成されます。監査役は取締役会に出席する義務がありますが，逆に取締役は監査役会に出席できません。これは監査役の職務が取締役の職務執行の監査であることから当然といえるでしょう。

(5) 監査役会の運営方法

監査役会の運営方法については，会社法で以下のように定められています。ここでは，会社法の監査役会の運営（会391条から395条まで）の一部を抜粋して紹介します（図表1－4）。

図表1－4　監査役会の運営方法

項目	運営方法
招集権者	監査役会は，各監査役が招集する。(会391条)
招集手続	監査役会を招集する場合には，監査役会開催日の1週間前までに，各監査役に対して，通知を発しなければならない。(会392条)　ただし，定款でこれを下回る期間を定めている場合にはその期間とすることができる。 監査役全員の同意がある場合には，招集の手続きを経ることなく監査役会を開催することができる。(会392条2項)
監査役会の決議	監査役会の決議は，監査役の過半数をもって行う。(会393条1項) 監査役会の議事については，議事録を作成し，出席した監査役は，議事録に署名，または記名押印をしなければならない。(会393条2項)
議事録の備置	監査役会設置会社は，監査役会の日から10年間，監査役会議事録を本店に備え置かなければならない。(会394条1項)

（6）常勤監査役と非常勤監査役

　監査役会設置会社では，常勤監査役を1名以上置かなければなりません。常勤監査役はその言葉どおり，常時会社に監査役として勤務する立場ですので，常勤監査役は原則として，他社の重要な職務との兼務は認められないことになります。非常勤監査役は会社法での定めはないのですが，常勤監査役以外の監査役ですので，一般的には常時会社に勤務はせずに，監査役会や取締役会に出席をするとともに，常勤監査役と連携しながら，監査役としての職務を全うすることになります。

　一般的には，常勤監査役が中心となりながら，監査計画を作成し，監査を実施しますが，それぞれの監査役はすべての会社業務に精通していることはあまりないので，監査役同士でお互いの得意分野を生かしながら，監査役職務を分担します。常勤監査役は日ごろ会計監査人ともコミュニケーションを図り，必要に応じて監査役会等での情報共有に努めます。

　なお，これまで解説してきた監査役の権限や義務，責任については原則として，常勤監査役も非常勤監査役も変わるところはありません。また，監査役会設置会社以外の監査役設置会社においては，常勤監査役をおくことは必ずしも求めていません。

（7）監査役の種類

　常勤監査役と非常勤監査役以外にも，監査役を語るときに知っておきたい監査役の種類について説明します。

①　社外監査役

　社外監査役とは，株式会社の監査役であって，次に掲げる要件のいずれにも該当する者です（会2条16号）。

イ）その就任の前10年間，当該株式会社またはその子会社の取締役，会計参与，執行役，支配人やその他使用人であったことがないこと。

ロ）その就任の前の10年内のいずれかの時において，当該株式会社またはそ

の子会社の監査役であったことがある者にあっては，当該監査役への就任の前10年間当該株式会社またはその子会社の取締役，会計参与，執行役，支配人やその他の使用人であったことがないこと。

ハ）当該株式会社の親会社等（自然人であるものに限る）または親会社等の取締役，監査役，執行役，支配人やその他の使用人ではないこと。

ニ）当該株式会社の親会社等の子会社等（当該株式会社及びその子会社を除く。）の業務執行取締役等でないこと。

ホ）当該株式会社の取締役，支配人やその他の重要な使用人または親会社等（自然人であるものに限る）の配偶者または二親等以内の親族でないこと。

監査役会設置会社では，社外監査役を半数以上おくことを求めています。基本的には社外監査役に該当する監査役も，監査役の権限，義務，責任は変わることがありません。

②　特定監査役（施規132条5項）

特定監査役とは，会計監査人設置会社において，特定取締役ならびに会計監査人に対して監査報告の内容を通知する一方で，会計監査人から監査結果の報告を受ける監査役です。

会計監査人が，すべての監査役に対して報告・通知を行うことは煩雑と考えられるため，「特定監査役」を選任し，特定監査役のみに報告することで足りるとすることにした，実務上の配慮と考えられます。よって，特定監査役を選任することは任意ですが，特に特定監査役の選任を行わなかった場合にはすべての監査役が特定監査役になります。

③　補欠監査役（会329条3項）

事業年度の途中で何らかの理由で監査役が退任した場合，法令が求める監査役の員数や会社が定款で定めた監査役の員数を欠くことが起こり得ます。この場合には，本来は株主総会を開催して，新たな監査役を選任しなければなりません。このような不測の事態に備えて，会社法では補欠監査役という制度を設けています。

　補欠監査役は通常の監査役と同様に株主総会で選任しますが，通常の監査役と異なり，補欠監査役に選任された時点では監査役として職務を行うことはありません。あくまでも監査役に欠員が生じた場合に初めて監査役としての職務を行います。

④　一時監査役（会346条1項・2項）

　上記③のように補欠監査役を株主総会で選任している会社は，監査役に不測の事態が生じて欠員が生じた場合でも監査役を速やかに補充することができます。

　一方で，補欠監査役を選任していないと，上場会社などの場合，簡単に株主総会を開催することもままなりませんので，監査役に欠員が生じたときに，利害関係人からの申し立てを裁判所が認めた場合には一時監査役の選任が認められます。一時監査役のことは仮監査役と呼ぶこともあります。なお，一時監査役は裁判所が認めた文字どおり一時の監査役なので，その後に開催される株主総会において，正式な監査役を選任する必要があります。

第2章

監査役と
監査役を取巻く関係者

会社法では，「監査役はその職務を適正に遂行するため，次に掲げる者との意思疎通を図り，情報の収集および監査環境の整備に努めなければならない（施規105条2項）。」としています。また，「監査役は，その職務の遂行に当たり，必要に応じ，～（略）～意思疎通及び情報の交換を図るように努めなければならない（施規105条4項）。」としています。

では，監査役として意思疎通を図るべき者とは，具体的に誰を指すのでしょうか。

この章では，監査役と監査役を取り巻く関係者に対して，監査役が果たすべき役割と，監査役の適正な職務遂行のために望まれるコミュニケーションのあり方を考えてみましょう。

監査役を取巻く代表的な関係者を**図表2－1**に示します。

図表2-1　監査役を取巻く代表的な関係者

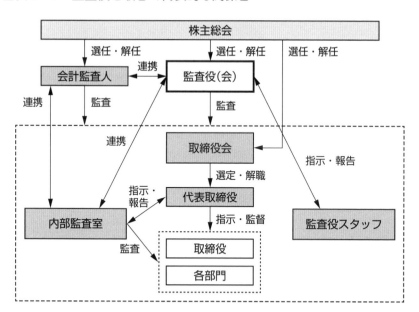

1. 取締役会

（1）取締役会に対する監査役の機能と役割

　監査役を取巻く関係者のなかで，特に重要な関係者は「取締役」および「取締役会」といってよいでしょう。なぜ取締役と取締役会が重要かについて考えてみましょう。

① 監査役の4つの監査報告と取締役（取締役会）の3つの役割

　監査役は，1年間の監査活動から得られた情報から下記のように4つの意見を監査報告として表明します。具体的な監査報告書については**第4章**を参照してください。

- 取締役の職務の執行に関する不正の行為または法令もしくは定款に違反する重大な事実があるかどうか
- 内部統制システムに関する取締役会決議の内容が相当であるかどうか，また，それに関する取締役の職務の執行についての意見
- 取締役の作成する事業報告およびその附属明細書が法令または定款に従い会社の状況を正しく示しているかどうか
- 取締役の作成する計算関係書類が会社の財産及び損益の状況をすべての重要な点において適正に表示しているかどうか

　いかがでしょうか。監査役の監査報告における4つの意見に共通することは「取締役」であることがわかります。

　それでは，「取締役の職務の執行」とは何を指すのでしょうか。

　会社は，経営戦略を立案し，経営資源の効率的配分を考えながら，製品を生産し販売する，またはサービスを提供する活動を行います。これらの活動は，資金調達，重要な資産の取得や処分，重要な人事などの判断・実行をともないます。

会社法ではこれらに関する意思決定を「業務の決定」，その執行を「業務の執行」としています。そして，「業務の決定」は取締役会で行い，具体的な「業務の執行」は担当の業務執行取締役が行います。取締役会は，これら業務執行取締役の「職務執行の監督」をします。

　各取締役は，取締役会の構成員として，また業務執行取締役として，「業務の決定」，「業務の執行」および「職務執行の監督」を行うにあたって**善管注意義務**を果たさなければなりません。

　さらに取締役会は，各取締役の職務執行が法令・定款に適合することおよび業務の適正を確保するために必要な体制を整備しその体制を監督しなければなりません。なお，「業務の適正を確保するために必要な体制」のことを，一般的に「内部統制システム」といいます。

　整理しますと，取締役会の役割は以下の3つになるといえます。同時に監査役の業務監査の対象も同じく以下の3つが適正であるかどうかであるといえるでしょう。

- 業務執行に関する<u>取締役会</u>の意思決定
- 取締役の職務執行に対する<u>取締役会</u>の監督
- 内部統制システムに対する<u>取締役会</u>の監督

　監査役の業務監査の対象範囲は上記3つの「取締役会」の役割であるといえます。しかし，現実の会社において，監査役は，取締役と取締役会のみを監視していればよいのでしょうか。

② 取締役会の形骸化

　取締役会は①で述べた3つの役割を果たす機関として位置づけられています。しかし，実際には，取締役会では会社法上で定められた事項に関しての意思決定にかかわる決議と監督のみを形式的に行い，より詳細な業務に関する実質的な意思決定や監督については，経営会議などの独自の会議体で実質的な議論を交わしているケースがあります。

　このように取締役会が本当に機能しているとは必ずしもいえず，取締役会

の監督機能そのものが形骸化している場合も見受けられます。そのような場合には，監査役としては経営会議などの実質的な会社の意思決定が行われている会議体へ出席し，監視をすることが必要でしょう。

　次に，取締役および監査役に求められる会社法の要請をみてみましょう。

(2) 取締役，監査役に対する会社法の要請

　(1) で説明したように取締役会は経営の重要な意思決定と取締役の職務執行の監督義務（会362条2項2号）が課せられ，各取締役は職務執行に関し善管注意義務を果たす必要があります。取締役会での監督機能に資するため，取締役は3ヵ月に1回以上，自己の職務執行状況を取締役会へ報告することが求められます。また，取締役は，会社に著しい損害を及ぼすおそれのある事実があることを発見したときは，直ちに監査役に報告しなければなりません（会357条）。

　一方，監査役は取締役が不正の行為やそのおそれがあるときまたは法令・定款違反の事実，著しく不当な事実があるときは遅滞なく，その事実を取締役会に報告する義務があります（会382条）。さらには，取締役会が取締役の不正等の業務執行を止めずに，取締役の職務執行が法令・定款に違反することにより会社に著しい損害が生ずるおそれがあるときは，その職務執行を止めることを請求することができるのです（会385条）。

　監査役は取締役に対して，上記のような権限や報告義務があることを注意喚起するためにも，積極的に取締役とのコミュニケーションを図る必要があります。

　それでは，取締役とのコミュニケーションや情報共有をどのように図っていけばよいのでしょうか。

(3) 取締役と監査役のコミュニケーション

①　各取締役の業務執行の状況の監査

　監査役が取締役会の意思決定および監督機能を監査する場合，取締役会に出席し，報告事項・決議事項の議論の過程，意思決定の結果を確認すること

でしょう。その他，各担当取締役の職務執行の状況を監査することで取締役会の監督機能を間接的に監査することが可能になります。

　したがって，監査役は取締役との情報交換の頻度やその内容を工夫する必要があります。なぜなら，業務執行取締役が担当している業務は監査役にとって経験したことのない業務内容であるケースが多いと考えられるためです。

　しかし，監査役も前職で担当した業務経験やさまざまな会議に出席したことにより得た情報，他部門の監査から得た知識，社外監査役，会計監査人等の専門的な知見から得られる情報を有しています。

　各監査役は自己が有する見識を軸に，業務担当取締役が認識しているリスクや対処方針を聴取し，会社全体の経営方針や取締役会の決議事項に照らし，確認する必要があるといえるでしょう。

②　取締役との面談

　監査役と業務担当取締役との面談は，各事業部門や工場などに往査した際に個別に行い，取締役会決議に基づく部門運営方針とその実績，内部統制システムの運用状況やその課題等を聴取することになるでしょう。監査役は聴取した内容が会社の方針と相違していないか確認することになります。また，取締役間や部門間の協力体制の状況に注意して聴取しなければなりません。

③　現場の視察と資料の閲覧

　監査は現場へ往査し，視察，質問を行い，資料を閲覧することも必要です。しかし，現場の状況を見れば見るほど会社の経営方針や取締役会の決議事項が浸透されていないと思われることがあるかもしれません。業務の体制が整備されていないケース，情報の共有などコミュニケーションが果たされていないケースなどその理由はさまざまかもしれません。取締役の職務執行に関し，現状の情報収集と原因の分析が求められるでしょう。

　現場への往査にあたっては，事前に，過去の往査記録や会社の事業計画などを参考に，今回の往査のポイントを決めることが重要です。業務担当取締役および重要な職階である部長等も出席を求め，監査役の監査結果に対する

意見を交換しましょう。監査結果については十分な意見交換のうえ，担当取締役等の合意を得ておくことが望ましいでしょう。

④　取締役とのコミュニケーション上の留意点

　監査役が監査を実施するうえでは，取締役や部長等の重要な職階にある従業員から，単純な粗探しに来たと思われないことが重要です。つまり，必要以上に性悪説に立ち，過度に懐疑的だという印象を与えないような工夫が必要です。監査役も取締役等と同様，会社の経営方針に沿って，会社の業績拡大や企業価値の向上のために業務を執行している一員で，取締役などが抱える課題や悩みを共有することが望まれるのではないでしょうか。常に間違っているのではないかという視点や，1つのミスに対して必要以上に意見を述べることは避けた方がよいでしょう。監査は相手の協力があって実施できますので，以後監査を行う際に必要な情報を入手できなくなるという可能性もあります。

　一方で，もしも，取締役が取締役会で決定した経営方針から逸脱した業務執行をしているような場合には，懐疑的な視点で監査役として追加の監査手続を実行しなければならない点は留意が必要です。

　監査役も取締役と同様に経営の意思決定の場に参画し，その信頼関係を取締役も含めた従業員と築いていく必要があります。監査役は経営層や現場で得た重要な情報と経営者との信頼関係を得ているからこそ，経営者に対して意見を述べることができるといえます。

2. 代表取締役

　代表取締役は，会社の意思決定機関である株主総会や取締役会の決議に基づき，会社を代表します。特に定めがないかぎり，取締役会の決議事項とされていない事項，特に日常業務については，代表取締役に対して取締役会からその決定権限が委譲されていると考えられていますので，代表取締役は自らそれを決定し，執行します。

このような代表取締役と監査役とは，どのような関係にあり，相互にどのような連携・コミュニケーションをとることが期待されているのでしょうか。

（1）コーポレート・ガバナンスと代表取締役

第1章の機関設計で述べたように，会社法では，株式会社の機関について，コーポレート・ガバナンスに係る制度的な手当を定めています。また，上場会社に関しては，各証券取引所の取引所規則に基づきコーポレート・ガバナンスの強化に関するさまざまな対応がなされています。

会社法，および各証券取引所における取引所規則がコーポレート・ガバナンスを重要視している主な理由は，経営者による不正が後を絶たないからに他なりません。法律や制度がガバナンス強化のための仕組みを設計したとしても，それを運用する「ヒト」に問題があった場合は，結局のところその仕組みも十分には機能しなくなる可能性もあります。

コーポレート・ガバナンスとは何かについて考えてみましょう。

一般的には，「企業統治」とか「反社会的な行為をしないような監視体制と，より効率的な経営に向けた仕組み」と説明されています。

一方で，「社会的情勢や環境の変化や株主，従業員，顧客，地域などの幅広いステークホルダーからの期待や変化を的確に捉えながら，効率のよい企業経営の仕組みを構築していること」とされる場合もあります。

監査役は，経営者たる代表取締役に対して，コーポレート・ガバナンスとの関係でどのような姿勢で行動することが望まれるのでしょうか。

代表取締役は，業務執行取締役を束ね，会社の目標に向かってリーダーシップを図る役割を担っています。強いリーダーシップをもって明確な経営方針を与え続けることは経営者たる代表取締役の役割といえますし，企業の競争優位性を高めるためにも重要です。

コーポレート・ガバナンスの中心はやはり代表取締役であり，代表取締役の経営理念や信念，姿勢，倫理観が，会社ひいては従業員全体に正しい行動を促す機能を有しています。しかし，それ故に会社の経営者たる代表取締役が環境変化や利害関係者の期待に反し，経営者自身の目的を達成するために

暴走する可能性も否定できず，そのような場合には誰かが会社の枠組みのなかで経営者を監視する必要があります。その誰かが監査役です。

　監査役はその期待に応えるための会社の機関として位置づけられており，監査役は株主ならびに取引先も含めた社会からの期待を背負っています。

(2) 代表取締役との信頼関係

　監査役は代表取締役とどのような信頼関係を築き，その役割を果たすべきなのでしょうか。

① 代表取締役とともに協働する監査役

　各業務の執行を担当する取締役は，その職責を果たすため，自己の職務執行状況を取締役会に報告しなければなりません。仮に毎月取締役会が開催されたとしても，その場での取締役からの報告のみで代表取締役が必要な情報を得られるとはかぎりません。

　経営者は，数字に表れる業績だけではなく，顧客との関係，内部統制システムの運用状況，法令違反行為等のさまざまな要因に基づき総合的に経営判断しています。

　監査役には，監査を実施した際に現場等で得たさまざまな情報のうち経営者に届けるべき情報は何か，経営者に報告すべき内容が会議体で十分に審議されているか，経営者が設定した事業目標や管理体制が現場で形骸化していないかといった視点から，経営者に必要な情報が伝達されているかをチェックすることも期待されています。

② 代表取締役を牽制する監視役

　(1) でも触れたように，監査役は会社の機関としてコーポレート・ガバナンスの一翼を担っています。また，監査役には取締役の職務執行が違法行為である場合はその職務執行を止めさせるように請求する権利もあります。

　それでは代表取締役の監視役として，監査役に期待される役割とはどのようなものでしょうか。

代表取締役は，常に会社を取り巻く利害関係者に対する説明責任を負っています。説明すべき内容は，会社を取り巻く環境変化やリスクにどう対処したか，その理由に合理性があったのかに他なりません。

監査役としては，行動指針に反していないか，環境変化やニーズに適時に対応したか，などの視点から代表取締役と意見交換されることが期待されているのではないでしょうか。

③ 監査役の役割

監査役の果たすべき役割とは，企業の成長のために必要な情報や阻害要因を発見し，それを適時に経営者と協議することです。その協議をするためのネタを探すために必要な活動が日常的な監査活動といえるでしょう。

監査役として一定の独立性を堅持しつつ，より客観的な視点から経営者の経営判断に対して意見を主張する役割を担っているといえます。

（3）代表取締役とのコミュニケーション

監査役には，代表取締役を含む取締役との意思疎通や監査環境の整備に対する努力義務があります。一方，取締役には監査役の職務執行に必要な体制を整備する義務があります。

最終的な経営判断に責任を負う代表取締役と，代表取締役の経営方針のもと，一致団結して経営層を構成している立場の取締役とが，監査役の意見を聞いてくれるか否かは代表取締役と監査役との信頼関係に依拠するでしょう。

監査役が代表取締役との間で信頼関係を構築し，代表取締役との距離感を縮めるためにはどうすればよいか考えてみましょう。

（2）でも述べたように，監査役は経営者に対して，日常の監査業務で得た現場情報や業務担当取締役から入手した情報などに基づいて，何を伝えなければならないかを決定しなければなりません。さらに経営者より詳しい分野に関する事項を監査役の視点から主張できる姿勢を示すことも必要です。経営者に監査役の主張を尊重しなければならないと常に認識してもらうことが，重要になると考えられます。

　日本監査役協会が2022年5月に公表した調査結果（役員等の構成の変化などに関する第22回インターネットアンケート集計結果）によると，99.2％の会社が代表取締役と会合を実施しています。そのうち，上場会社についても，99.4％が会合を実施しています。代表取締役との定期会合に関する内容を例示します（**図表2-2**）。

図表2-2　代表取締役との会合内容

	会合時の主要内容
期中	経営課題の報告の受領と監査役監査の実施状況の報告
	内部統制システムの整備状況についての意見交換
	監査役監査の環境整備事項に関する要請
期末	経営者として行動規範，社会通念に即した判断・行動の確認
	不正に至る動機，心理的圧力の有無に関する確認
	経営者の抱く対処すべき課題やリスクに関する意見交換

　これらの事項にかぎりませんが，監査役は期中および期末において，または必要に応じて代表取締役と会合をもち，監査役監査の実施状況とその結果報告，経営者の認識している課題やリスクの把握とその対応方針について，積極的に議論を行う必要があると考えます。

3. 内部監査部門

(1) 内部監査部門とその役割

　内部監査部門とは，取締役が構築した会社の内部統制システムが，適切に整備され，かつ運用されているかを取締役に代わって実際に調査・確認することを主目的として組織化された部門です。会社法に定める機関ではありませんが，一定規模以上の会社では設置していることも多く，上場会社はたとえば，東京証券取引所（以下，東証）は有価証券上場規程207条および上場

審査等に関するガイドラインⅡ4（2）bにて「企業グループの内部監査体制が，適切に整備，運用されている状況にあること。」とされ，多くの会社が設置しています。また，会社組織における内部監査部門の位置づけは，代表取締役の直轄としている会社が多いと考えられますが，具体的に実施している業務の範囲や内容は会社によってそれぞれ異なります。

①　内部監査部門の設置

内部監査部門の設置は，必須なのでしょうか。

日本監査役協会が2022年5月に公表した調査結果（役員等の構成の変化などに関する第22回インターネットアンケート集計結果）によると内部監査部門を独立した部署として設置している会社は，全体の89.8%に上りました。そのうちの上場会社では99.0%と高い割合で内部監査部門が設置されています。これは会社法の改正にともない，内部統制システムの構築と運用が必須となった関係もあり，内部監査部門の重要性が認識された結果といえるでしょう。

ただし，社員が少数で経営者が従業員全員を見渡せる状況である場合などは必ずしも独立した内部監査を専門に行う部署の設置は必要ない場合もあります。

②　監査役監査と内部監査部門の役割の違い

監査役監査と内部監査部門のそれぞれの役割を考えてみましょう。

監査役の監査の焦点は，主に「取締役の職務執行」にあるのに対して，内部監査の焦点は「取締役，特に代表取締役の指示に基づく対象部門や使用人の職務執行の実効性や効率性」が一般的です。監査の対象となる組織は共通である場合が多いですが，内部監査部門の監査は，経営者の指示に基づくという点，経営管理に直結する内容であることが多いという点，調査のみでなく改善・指導を中心に行うという点が特徴的です。つまり内部監査部門は，表面的には経営者に近い組織である点が監査役監査との大きな相違点となります。

　ここに監査役監査と内部監査部門の各々の長所と短所があり，相互に補完（連携）しなければならない要素があると考えられます。

③　監査役の善管注意義務

　監査役がその職責について善管注意義務を果たしたというための判断および行動指針があります。日本監査役協会は「監査役監査基準」および「内部統制システムに係る監査の実施基準」を公表しています。「監査役監査基準」は法律を構成するものではなく，すべての会社の監査役が遵守すべき規範でもありません。

　しかし，監査役監査基準は，会社法令のすべての監査方法等について示されている点，監査役監査を実施する際の有用なツールであります。

(2) 監査役と内部監査部門との連携

　前述のとおり，内部監査部門は，取締役の職責である内部統制システムの整備・運用状況を対象に取締役に代わって調査し必要に応じて改善・指導する役割を担っています。

　一方，監査役は取締役会の内部統制システムに対する監督状況を監査する役割を担っています。監査役と内部監査部門の具体的な連携方法については，「監査役監査基準」が参考になります。監査役監査基準37条2項には，以下の規定があります。

　「監査役は，内部監査部門等からその監査計画と監査結果について定期的に報告を受け，必要に応じて調査を求める。監査役は，内部監査部門等の監査結果を内部統制システムに係る監査役監査に実効的に活用する」。

　また，「内部統制システムに係る監査の実施基準」においても，同様の規定があります。

　内部監査部門による監査と監査役監査は，各々の目的は異なりますが，相互に協力し，補完し合う関係にあります。監査役監査は内部監査部門に比して人的資源にかぎりがあります。しかし，監査役監査は内部監査部門に比べ，経営層に関する豊富な情報を得られる環境におり，また問題点などの指摘を

しやすい立場にあります。

　また，内部監査部門は内部統制システムの一翼を担う組織でもあるため，監査役監査は内部監査機能の有効性について監査する役割を担っています。

4. 会計監査人

　会計監査人とは株式会社における機関の1つです。会社法337条において，会計監査人には，公認会計士または監査法人のみが就任できるとされており，会社の計算書類などの会計監査を行うことがその主な役割とされています。

　会社法のもとでは，どのような株式会社においても定款に定めることにより会計監査人を設置することができます（会326条2項）。一方で大会社または監査等委員会設置会社または指名委員会等設置会社である場合は，会計監査人を必ず設置しなければなりません（会328条，会327条5項）。

(1) 監査役と会計監査人の関係

　監査役と会計監査人は密接な関係にあります。

　会計監査人の選任について，選任決議自体は株主総会において実施されるものの，監査役（監査役が2人以上ある場合にあっては，その過半数）は会計監査人の選任に関する議案の内容を決定する権限が付与されています。2014（平成26）年の会社法改正により，会計監査人の独立性をより確保するため，会計監査人の選任，解任および不再任の決定権限を取締役から監査役に付与されるようになりました（会344条1項）。

　さらに，会計監査人の解任についても，解任自体は株主総会の普通決議によるものの（会339条），監査役・監査役会・監査委員会は，会計監査人が職務上の義務に違反し，または職務を怠ったときは，会計監査人を解任することができます（会340条）。

　ほかにも，会計監査人の報酬等については，監査役の過半数の同意を必要とします（会399条）。

　このように，会計監査人に対する監査役の権限は強大ですが，逆に会計監

査人が監査役の選任・解任，監査役の報酬について要求，承認，同意することはありません。これは監査役と会計監査人のそれぞれの位置づけ，役割の違い，職務の内容の違いによるものといえます。

(2) 会計監査人との連携の目的，その必要性

　近年の会計不祥事においては，監査役および会計監査人の各々における注意義務の果たし方が話題とされました。大手上場企業で発生した企業不祥事でも監査役はなぜ止めることができなかったのか，会計監査人は何をしていたのか，という批判もされています。

　日本公認会計士協会や日本監査役協会は，監査役と会計監査人との連携を共同研究しており，各種ガイドラインも公表しています。監査役と会計監査人との連携に関しては，このような企業不祥事などが発生し得るケースにおいて，重要な効果を発揮することが期待できるのではないでしょうか。

　監査役監査基準では，「監査役及び監査役会は，会計監査人と定期的な会合をもち，必要に応じて監査役会への出席を求めるほか，会計監査人から監査に関する報告を適時かつ随時に受領し，積極的に意見及び情報の交換を行うなど，会計監査人と緊密な連携を保ち実効的かつ効率的な監査を実施することができるよう，そのための体制の整備に努める。」（監査役監査基準47条1項）としています。

　それでは，具体的に，監査役が会計監査人と連携する場面とその必要性について考えてみましょう。

① 監査役による会計監査人の監査の相当性の判断

　監査役は，会計監査人から監査報告を受領し，「会計監査人の監査の方法又は，その結果を相当でないと認めたときは，その旨及びその理由」などを内容とする監査役の監査報告を作成しなければなりません（計規127条）。また，監査役は，会計監査人から「会計監査人の職務の遂行に関する事項」の通知を受領します。

　すなわち，会計監査人は，会計の専門家として計算関係書類の適正性につ

いて監査意見を表明する責任を負っており，監査役は期中や期末の監査役監査を通じて得た監査結果に照らして会計監査人の監査意見が相当であるか否かを判断する必要があります。また，会計監査人の職務遂行状況について，「会計監査人の職務の遂行に関する通知書」を受領したうえでその会計監査人の監査の相当性を判断する必要があるのです。

② 会計監査人による取締役の不正行為・法令・定款違反の有無に関する報告義務

監査役の4つの監査意見の1つに「取締役の職務の執行に関する不正の行為又は法令若しくは定款に違反する重大な事実があるかどうかについての意見」があります。すなわち，監査役が経営者の不正・違法行為が発生していると認めるときは，遅滞なくその旨を取締役会に報告することが義務づけられていますし（会382条），不正・違法行為により会社に著しい損害が生ずるおそれがあるときは，その行為を止めることを請求することを求めています（会385条）。

これらの監査役の義務に関連し，監査役にとって重要な監査目的のためにも，会計監査人に対しても，会計監査人の監査業務の過程で取締役の不正行為または，法令・定款に違反する行為を発見したときは監査役に対して報告する義務を課しています。

③ 会計監査人の選任・解任

前述のとおり，監査役は，「会計監査人の選任・解任・不再任に関する議案の決定権」，「会計監査人に対する解任権」「会計監査人の監査報酬の同意権」を有しています。会計監査人の選任や解任に関して，監査役が適切な判断をするためには常日頃から会計監査人と面談し，意見交換を行うなど，会計監査人との連携を図る必要があるでしょう。

④ 監査業務の効果的・効率的な実施

監査役にとっては，会計監査人の監査における考え方である「リスク・アプローチ」を十分に理解することは，監査役監査および会計監査人の監査の

効率的運用に資する第一歩であるといえます。

　リスク・アプローチとは，監査対象企業ごとの経営環境や経営方針等に基づき虚偽表示の可能性の高い分野を絞り込み，重点的に監査資源を費やすことにより有効かつ効率的な監査を行うという監査手法です（リスク・アプローチの詳細については，**第5章**で説明します）。

　よって，監査役が会計監査人に対して，会社の経営環境や高いリスク要因，内部統制の整備状況の課題などの情報を適切に伝達すること，監査役の事業所や子会社往査の結果に関する情報などを適切に伝達することで，虚偽表示のリスクの高い分野を適切に絞り込むことが可能となります。

　また，監査役が会計監査人より，会計監査人の監査計画の作成，すなわち，重点監査項目・内部統制の整備状況・往査場所・往査日数等を検討・決定するにいたった経緯や根拠の説明を受けることは，監査役監査の監査計画の作成と監査の実施を効率的かつ効果的にすることでしょう。

⑤　その他

　会計処理基準の新規適用や変更，各種税制の改正など，会計面や税務面のルールは常に変化しています。また，事業面ではボーダレス化が進んでおり，これらは監査役監査の環境に大きく影響する可能性もあります。監査役は会計監査人と十分に連携し，想定される会計処理基準等の適用要否やその影響額などに関する情報をタイムリーに収集することが重要となるでしょう。

（3）会計監査人との信頼関係の構築

①　企業不祥事発生時の会計監査人の対応

　公認会計士による会計監査は，会社，ひいては経営者や監査役などとの信頼関係を前提として成り立っています。もし，財務諸表に重要な虚偽記載が発見された場合等，会社と会計監査人の信頼関係が揺らぐような事態が生じてしまったとき，会計監査人はどのような対応をとるでしょうか。

　会計監査人の監査報告書の内容が「不適正」や「意見不表明」であった場合や会計監査人がその地位を自ら辞任する場合には，会社は重大な局面を迎

えることになります。株主・従業員をはじめとして会社の利害関係者に多大な損害を被らせることにもつながりかねません。

たとえば，東証の上場廃止基準である有価証券上場規程601条（8）には，以下の内容が記載されています。

> 監査報告書において，「不適正意見」または「意見の表明をしない」旨等が記載され，直ちに上場を廃止しなければ市場の秩序を維持することが困難であることが明らかであると当取引所が認めたとき

このように特に上場会社においては独立監査人たる公認会計士の監査意見は会社に重大な影響を与えます。

また，上場会社ではなくとも，会計監査人の監査意見が「不適正意見」や「意見不表明」である場合には，計算書類等は株主総会における報告事項ではなく，承認事項となります。

このような場合，株主に対して計算書類等について説明し，株主総会の承認を受けるにあたっては，株主総会が紛糾することも考えられます。

そのようなことにならないためにも，監査役と会計監査人とは，常日頃から本音ベースで必要なコミュニケーションを図りながら，「適正意見」を表明できる計算書類等の作成を経営者に促し，お互いに信頼関係を構築していく必要があるといえるでしょう。

監査役と会計監査人とのコミュニケーションの詳細は**第5章**において説明します。

5. 監査役スタッフ

(1) 監査役スタッフの必要性

① 会社法上の記述と趣旨

会社法は，近年のコーポレート・ガバナンスの重要性から実効性ある監査役の監査を行うため，内部統制システムの一環として監査役スタッフに関す

る定めを規定しています。

- 監査役スタッフに関する事項（監査役が求めた場合）

  （施規98条4項1号，施規100条3項1号）

- 監査役スタッフの取締役からの独立性（施規98条4項2号，施規100条
  3項2号）

　監査役スタッフは，監査役の要請に応じて，監査役監査の実効性を担保するために設置されます。監査役は，各社の実情に応じ，適宜，設置の要否を判断しなければなりません。

　監査役スタッフが必要であるにもかかわらず監査役が取締役に要請しなかった場合，監査役はその任務懈怠について責任を問われる場合があります。逆に監査役が要請したにもかかわらず取締役が設置を拒否した場合，取締役は，その任務懈怠について責任を問われる場合があります。

　したがって，過去に監査役スタッフを擁していなかったことだけでその要否を判断するのではなく，監査役監査の監査環境を整備するうえで監査役を補佐するスタッフの必要性・実効性を十分検討し，その要否を判断する必要があります。

　では，監査役スタッフを擁している会社はどのくらいあるのでしょうか。前述の日本監査役協会が2022年5月に公表した調査結果（役員等の構成の変化などに関する第22回インターネットアンケート集計結果）によると，監査役スタッフが存在する上場会社は，52.2％であり，そのうち監査役スタッフとして専属スタッフが存在する会社は，30.5％程度となっています。

(2) 監査役と監査役スタッフとのコミュニケーション

① 単なる事務要員か，監査メンバーか

　監査役スタッフの位置づけは，監査役が監査役スタッフを要する理由・会社の実情・経営上の判断によってそれぞれ異なります。主に，監査役スタッフに監査の事務要員としての役割のみを求めるケースと，監査役スタッフにも監査役とともに実質的な監査業務に従事する監査メンバーの一員としての

役割を求めるケースに分けられるでしょう。

　監査役監査の実効性を高め，かつ監査役スタッフのモチベーションを高めるためには，後者の監査役を補佐する監査メンバーの一員としての役割を期待し，任せることが望ましいかもしれません。しかし，いずれのケースであっても，監査役は監査スタッフに任せた業務についても当然に責任を負います。よって，監査役と監査役スタッフは意見交換を密に行うとともに，監査役スタッフが行った監査業務の結果を，監査役が適時・適切にレビューすることが必要です。

　会社を取り巻く環境は事業の拡大とともに拡がり続け，監査役が監査対象とする領域も増加しています。監査役監査を行うにあたっては，事業領域に関する知識や法律，会計などの素養を十分に備えるべきです。仮に監査役が1人であれば，1人で対応できる環境ではなくなっていることも少なくありません。この点からも監査役スタッフによる業務の実施や補助が有効であり，監査役スタッフとのコミュニケーションの重要性は高まっています。

②　監査役スタッフの独立性と処遇

　監査役スタッフが安心して職務を遂行するためには，監査環境が整備されていることと，個別の監査対象の業務担当者から独立した存在であることが重要です。また，監査役スタッフの権限や人事評価に対する監査役の関与を明確にし，十分に社内に周知することも重要でしょう。

▶ 6. 子会社の監査役

　近年，上場会社の子会社における会計不祥事が増加傾向にあります。その結果，親会社の企業価値そのものが大きく毀損しているケースもあります。このような環境のなか，親会社は，企業価値の向上あるいは社会的信頼に応えるために，企業グループ経営の促進と企業グループ全体のコーポレート・ガバナンス体制の構築が急務となってきています。

　それでは，連結経営重視の時代のなか，親会社の監査役は，子会社の健全

な成長やその管理のために，子会社の監査役とどのように連携していけばよいのでしょうか。

（1）グループ経営と監査役監査

　会社法では社会的要請に応えるため，親会社の取締役会に対して「子会社を含む企業集団の業務の適正を確保するための体制」の整備を要求しています（施規98条1項5号，施規100条1項5号）。すなわち，親会社の取締役にとっても，子会社の業務の適正化は重要な職務執行であり，同時に親会社の監査役も子会社を含むグループ全体の内部統制の仕組みが整備されていることを監査しなければなりません。

　ただし，子会社と一口にいっても，上場会社である子会社，海外子会社とさまざまな形態があります。

　以下では，子会社の監査役との連携の際に必要となる基本的なコミュニケーションを記載し，特有の留意点を説明します。

（2）子会社の監査役とのコミュニケーション

①　子会社監査役との連携

　監査役監査基準26条2項には，「監査役は，子会社において生じる不祥事等が会社に与える損害の重大性の程度を考慮して，内部統制システムが会社及び子会社において適切に構築・運用されているかに留意してその職務を執行するよう努めるとともに，企業集団全体における監査の環境の整備にも努める。」とありますので，親会社の監査役は，当然，グループ子会社の監査役と十分な連携を図る必要があります。グループ子会社の監査役を集めての連絡会を開催することも考えられますが，個別の子会社の監査役との面談を行うことも有用と考えられます。連絡会または面談時に連携をとるべき内容をみてみましょう（**図表2-3**）。

図表 2－3　子会社の監査役との主な連携内容

連携内容
親会社監査役の監査計画の子会社監査役への説明
グループ監査役の監査実施状況の情報交換
内部監査部門および会計監査人からの監査実施状況の説明
監査の障害や監査上の課題について意見交換と改善策の検討
子会社の内部統制システムの整備状況の報告
取締役の不正の行為・法令・定款に違反する重大な事実の確認
法令の改正等，監査役監査に必要な知識の情報共有（研修会）

　子会社の監査は，あくまで子会社の監査役が行うことが前提です。ただし，必要な場合には，親会社の監査役は子会社を調査する権限があります（会381条3項）。

②　上場会社である子会社の場合

　連携をとるべき内容は，基本的に①の内容と同様ですが，子会社が上場会社である場合，子会社の取締役会が自らの内部統制システムを整備・運用する義務を負い，その運用に関する監督責任を負います。よって，子会社の監査役も子会社自体の内部統制システムを監査する必要性が生じます。

③　海外子会社の留意事項

　企業活動のグローバル化にともない，海外子会社をもつ会社も増えてきました。海外子会社であっても，企業グループのなかに含まれますので，当然親会社の監査役の監査の対象となります。監査役にとっても，海外事業展開の理解，海外子会社の監査をどのように進めるかは非常に悩ましいところではないでしょうか。

　日本監査役協会では，2005年に「監査役の海外監査」という研究報告書を取りまとめ，チェックリストとともに公表し，さらに2012年7月に改め

て「監査役の海外監査について」，2013年1月に「海外監査チェックリスト」の英訳版，2013年7月に「国別海外監査ガイドブック」を公表しています。

　海外子会社の場合は，言葉の壁，現地受入能力，海外子会社の数，現地人経営者，現地法令など理解しておかなければならない要素が多くあります。特に現地国の法令に従い事業遂行しているため，法令そのものや制約条件を理解したうえで調査対象とするか否かを検討する必要があります。

　監査にあたっては，関係会社の管理を担当する部署から情報を入手し管理体制の状況を確認する必要があるでしょう。また，親会社の内部監査部門や会計監査人との連携や，現地の会計監査人との連携を図ることにより必要な調査を実施することは国内の子会社の監査に比してより重要となってきます。

　海外子会社の場合，親会社の経営方針や海外事業拠点も含めた内部統制システムの構築や運用方針に対して，子会社の経営者の業務執行状況を確認することがグループ経営，または監査役監査の着目点になります。

　親会社の経営方針等と整合しない業務執行や意思決定がなされていれば当然，グループとして1つの目標に向かって成長することはできず，最適な資源配分とはいえなくなる可能性があるかもしれません。

7. 株主および株主総会

（1）株主と監査役

　監査役は，全株主から構成される株主総会の決議により選任され，会社との関係は委任契約に基づきます。監査役は，一義的には株主のために監査役監査を行うことになりますが，株主と監査役の関係は，主に会社が非上場会社であるか，上場会社であるかによって，大きく変わるといえるでしょう。

① 非上場会社の場合

　非上場会社においては，株主＝経営者，つまり，所有と経営が分離されておらず，監査の依頼主である株主と監査の対象である経営者が概ね同一であ

る場合が多いでしょう。このような場合には，監査役が監査結果に責任を負うとはいえ，その影響は限定的かもしれません。また，経営者以外の株主も，役員や取引先である場合が多く，経営者と面識がある場合が多いといえます。したがって，監査役と株主との間のコミュニケーションも比較的容易にとることができるといえるでしょう。

②　上場会社の場合

　上場会社においては，株主が株式を自由に譲渡できることから，不特定多数の株主が存在し，経営者や監査役からは株主の顔は見えないことが多いといえます。所有と経営は分離されており，経営者と株主との間に距離が生じ，監査役監査の重要性は高いといえるでしょう。このような会社においては，株主と監査役とが直接コミュニケーションをとる場面は，一般的には限られます。

(2) 株主と監査役のコミュニケーション

　株主と監査役が直接コミュニケーションをとる場面は，具体的には株主総会における監査役の報告義務（会384条）と，株主総会における株主からの質問と対応（会314条）です。株主総会において，監査役は監査役監査報告書の報告内容を補足し，また，株主総会の目的に関する事項に関する株主からの質問について説明をします。これらについては，**第4章**において説明します。

(3) 株主代表訴訟

　会社法は，一定の条件を満たした株主に株主代表訴訟の制度を設けています（会847条）。これは，株式会社において，株主が会社を代表して取締役や監査役等に対して法的責任を追及するために訴訟を提起する制度です。

　なお，会847条の3において，親会社の株主を保護するため親会社の株主が直接子会社の取締役等に対して，その責任を追及することが可能となりました。ただし，その要件は極めて限定的であり，完全親子関係にある子会社

で，子会社株式の帳簿価額が親会社の総資産の5分の1超である重要な子会社の取締役等のみが責任追及の対象となります。

①　取締役に対する株主代表訴訟

　取締役に対する株主代表訴訟とは，取締役が経営判断を誤る等により会社に損害を及ぼした場合，株主が取締役に対して会社への損害賠償を求める訴訟をいいます。取締役に対する損害賠償請求は，監査役が会社を代表して行うことになります。したがって，株主はすぐに株主代表訴訟を提起するのではなく，まず監査役に対して提訴を請求します。提訴請求を受けた監査役は，請求のあった日から60日以内に，調査・検討をし，取締役を訴えるかどうかを判断します。具体的には，当該取締役に対してヒアリングを実施し，取締役会議事録や経営会議の資料などを閲覧します。また，顧問弁護士へ相談するとともに，監査役会においても慎重に協議をしなければなりません。

　監査役（会）の判断の結果は，取締役会に加え，提訴請求を行った株主にも報告されます。しかし監査役が取締役と馴れ合って，取締役に対して損害賠償請求を行わないことも起こり得ます。提訴請求があった日から60日以内に，監査役が取締役を訴えなかった場合，当該株主は，監査役（会）に代わって，取締役を被告とした訴訟を裁判所に提起することができます。

　取締役に対する損害賠償請求および株主代表訴訟の提起があった場合，会社の信用や今後の事業展開に対して与える影響等も小さくはありません。よって，監査役として取締役に対し損害賠償の訴えを提起するか否かについて慎重に検討し，総合的に判断する必要があることはいうまでもありません。

②　監査役に対する株主代表訴訟

　監査役に対する株主代表訴訟とは，監査役の任務懈怠等により会社に損害を与えた場合，株主が監査役に対して会社への損害賠償を求める訴訟をいいます。なお，会社が監査役の責任を追及する訴えを提起する場合には代表取締役が会社を代表します。

　上場会社においては，監査役と株主とは密接な関係にありますが，実際に

直接向き合う場面は少ないといえます。しかし，監査役は常に株主に対する義務や責任を念頭に監査を行う必要があるとともに，株主の目を意識した真摯な対応が求められるといえるでしょう。

第**3**章

監査役による監査

1. 監査とは何か

(1) 監査の基礎知識

まず，監査とは何かについて，一度整理をしておきます。

監査とは，特定の事象や対象（**監査対象**）から独立した第三者が，対象に対して必要と認めた手続（**監査手続**）を実施することにより，遵守または準拠すべき法令・規則などの規準に則っているかどうかの証拠（**監査証拠**）を収集し，その証拠に基づいて何らかの評価を行い，その結果，業務や成果物などに対する意見（**監査意見**）を形成し，委託者または利害関係者へ伝達すること（**監査報告**）をいいます。

特定の経済主体における経済活動とその結果について，それに直接関与しない者が，その正確性，適正性あるいは妥当性などを判断し，監査人の責任において意見を表明します。つまり独立した第三者による監査対象のチェックと，その結果の報告の仕組みです。

監査が必要とされるその背景や目的は異なります。しかし，監査はチェック機能なので，監査の対象から独立した者が客観的な視点から行うことでその実効性が維持される点では共通します。これが，「自己監査は監査にあらず」といわれる所以です。独立性について，もう少し詳しくみておきます。

(2) 独立性と監査役監査

監査対象からの**独立性**は監査の大前提ですが，日本監査役協会の監査役監査基準には，以下の記載があります。

第2章　監査役の職責と心構え
（監査役の職責）
第2条1．監査役は，取締役会と協働して会社の監督機能の一翼を担い，株主の負託を受けた法定の機関として，取締役の職務の執行を監査する

ことにより，良質な企業統治体制を確立する責務を負っている。良質な
企業統治体制とは，企業及び企業集団が，様々なステークホルダーの利
害に配慮するとともに，これらステークホルダーとの協働に努め，健全
で持続的な成長と中長期的な企業価値の創出を実現し，社会的信頼に応
えることができる体制である。

（監査役の心構え）

第3条1．監査役は，独立の立場の保持に努めるとともに，常に公正不偏
　　の態度を保持し，自らの信念に基づき行動しなければならない。

　監査役が監査業務を適切に遂行するためには，監査役の独立性が担保され
なければなりません。

　独立性には「外観的な独立性」と「精神的な独立性」がありますが，どち
らが欠けても監査の実効性は維持できません。たとえ監査人が精神的な独立
性を維持できても，監査報告を受ける第三者からみて監査人が監査対象から
独立しているという外観を欠いている場合には，監査人の監査報告を信頼す
ることができず，監査自体が意味をもたなくなるためです。

　そのため，会社法では監査役の地位を確固たるものとして監査役監査の実
効性を高め，外観的にも，また精神的な面からの独立性をも維持できるよう
にするため，**図表3-1**のような制度を設けています。

　このような制度が設けられている一方で，会社法が定める規定と会社運営
の実態とは少なからず乖離している場合もあります。つまり，監査役は株主
総会において選任されるとはいえ，実際には株主総会における個々の株主の
顔はみえないため，代表取締役や取締役によって監査役に選ばれたと考えざ
るを得ない実態があります。

　その結果，監査役の立ち位置について悩まれる監査役も多いと聞きます。
これについては，監査役がいかに代表取締役をはじめとした取締役に監査役
制度の趣旨や役割を理解してもらうか，一方でどうやってコミュニケーショ
ンを取りながら信頼関係を築いていくかにかかっているといえます。

　取締役と監査役は，「会社の健全な発展による社会への貢献」という目的

図表 3 － 1　監査役の独立性を担保するための規定

条文	制度	趣旨
監査役の任期 （会336条1項, 2項）	公開会社：選任後4年以内に終了する事業年度のうち最終のものに関する定時株主総会終結の時まで。 非公開会社：定款で任期を選任後10年以内に終了する事業年度のうち最終のものに関する定時株主総会終結の時まで延期可。	監査役設置会社における取締役の任期は2年（短縮可）となっています。 監査役の任期をこれより長くし、短縮不可とすることでその地位を強化しています。
監査役の選任・解任決議 （会329条、会339条1項、会309条2項7号）	監査役の選任決議は、株主総会の普通決議※で行う。ただし、定款で定足数と議決権数を特別に定めたときはそれに従う。 監査役の解任決議は、株主総会の特別決議※によって行わなければならない。	取締役は株主総会の普通決議で解任できます。 監査役の解任には特別決議を要求することで要件を厳しくしています。
監査役の選任・解任・辞任の場監査役の意見陳述権（会345条1項～4項）	監査役は株主総会において監査役の選任もしくは解任または辞任について意見を述べることができる。 また監査役を辞任した者は、辞任後最初に招集される株主総会に出席して辞任した旨及びその理由を述べることができる。	監査役が不本意に辞任させられるような場合、監査役は株主総会でその旨ならびに意見を明らかにできます。これにより取締役を牽制することができます。
監査役の選任に関する監査役の同意等 （会343条）	取締役は監査役の選任に関する議案を株主総会に提出するには監査役（監査役が2人以上いる場合にはその過半数、監査役会設置会社においては監査役会）の同意を得なければならない。 監査役（監査役会設置会社においては監査役会）は取締役に対し監査役の選任を株主総会の目的とすること、または監査役の選任に関する議案を株主総会に提出することを請求することができる。	取締役会が監査役の意見を無視して一方的に監査役を人選するのではなく、人選について監査役が同意することを求めています。 また監査役から監査役としての適任者を指名し監査役に選任する議案の提出をするよう取締役会に請求できるようにしています。
監査役の報酬等 （会387条）	監査役の報酬等は、定款にその額を定めていない場合には株主総会の決議によって定める。 監査役が2人以上の場合、各監査役の報酬等について定款の定めや株主総会の決議がない場合は、当該報酬等は定められた報酬等の範囲内において監査役の協議によって定める。 監査役は、株主総会において、監査役の報酬等について意見を述べることができる。	取締役の報酬等はお手盛りの弊害を防ぐため定款または株主総会において上限を定められています。 一方、監査役の報酬は取締役が決定するとなると監査役の監査の実効性に影響するおそれがあるため定款または株主総会において決定されます。

監査費用 （会388条）	監査役は事前または事後に会社に対し監査費用の支払いを請求することができる。 会社はその請求にかかる費用または債務がその監査役の職務の執行に必要でないことを証明した場合を除き拒むことができない。	監査役監査の実効性を担保するための定めです。
兼任の禁止 （会335条2項）	監査役は会社もしくはその子会社の取締役または支配人その他の使用人または当該子会社の会計参与もしくは執行役を兼ねることができない。	業務執行を行う取締役等からの独立性を確保し自己監査を防止することが目的です。
社外監査役 （会335条3項）	監査役会設置会社は監査役の半数以上は社外監査役でなければならない。	以前は就任前5年間というルールでしたが，年数を削除し，独立性を強化したものです。
損害賠償等 （会423条， 会425～427条， 会429条）	監査役が任務懈怠により会社または第三者に損害を与えたときは損賠賠償義務を負う。ただし会社に対する責任追及については，株主総会特別決議または定款に基づく取締役会決議によって，社外取締役と同じ範囲で責任の一部を免除することができる。社外監査役については事前の責任限定契約も認められる。	監査役は独立した地位で独自の判断で監査業務を行います。適切な監査を行わなかった場合の影響は非常に大きいといえるため，監査役には非常に重い責任が課せられています。

※　株主総会の普通決議とは，9頁の※の説明のとおりです。一方，株主総会の特別決議とは，議決権を行使することができる株主のうち，その議決権の過半数を有する株主が出席をしたうえで，出席した株主の議決権の3分の2以上にあたる多数をもって行う決議をいいます。

を有し，責任をともに負っているという共通認識をもち，それぞれの役割を分担する関係にあります。監査役として，必要なことは指摘・指導するという毅然とした態度が，結果的には監査役に対する信頼性を高めるといえます。

2. 会計監査

(1) 会計監査とは

　会計監査とは，会社が作成した計算書類等が「一般に公正妥当と認められる会計基準」に準拠して作成されていること，またこれらが「会社の財産及び損益の状況をすべての重要な点において適正に表示していること」を保証

するための監査をいいます。

　そもそも，なぜ会計監査が必要なのでしょうか。

　会社は株主から出資された資金を元手に事業を行います。株主は，会社が事業を行った結果，利益が出たのか損失が出たのか，財務状況は健全な状態であるかなど，報告を受ける権利があります。よって，会社は決算書を作成して株主に報告しなければなりません。株主は会社の事業により利益を生み出し出資した資金が増えることを期待しています。取締役は株主によって選任されるため，利益を生み出さないと取締役を解任されてしまうことも考えられます。よって実際には利益を生み出していなくとも利益を生み出しているかのような報告を行うことが考えられます（これを粉飾決算といいます）。極論すれば，株主に対して簡単に嘘をつくことができるのです。そのために決算書に重大な嘘がないことを誰かがチェックしなければならないのです。

　具体的には，会社法においては計算書類を監査します。また，金融商品取引法に直接の定めはありませんが財務諸表についても監査します。

　会社法の計算書類は，以下の書類から構成されています（**図表3－2**）。

図表3－2　会社法における計算書類

	計算書類
個別	貸借対照表 損益計算書 株主資本等変動計算書 個別注記表 附属明細書
連結	連結貸借対照表 連結損益計算書 連結株主資本等変動計算書 連結注記表
臨時	貸借対照表 損益計算書
備考	事業報告および事業報告の附属明細書は監査役監査の対象となりますが，計算書類には含まれません。

(2) 会計監査を行ううえでの留意点

監査役監査が会計監査に対して適切に機能するためには，たとえば以下の事項について心掛ける必要があるといえます。

① 監査役自身が会計の知識を身につけるよう，日々の業務を通し，また研修会等に出席するなどして自己研鑽すること

監査役全員に広範囲の会計の専門知識が必ず必要というわけではありません。しかし，複式簿記の知識があり決算書の仕組みがわかること，自社の決算書が読めること，自社の決算書における重要な事項や留意点がわかることは必要です。監査役の知識の習得に関しては，**第4章の2.「(5) 監査役の知識の習得」** を参照してください。

② 監査役のなかに，財務会計に関して充分な知識・経験を有する者（会計の専門家）を1名以上配置すること

監査役全員に広範囲の会計の専門知識は必要とはかぎりませんが，特に上場会社，規模の大きな会社，事業内容が複雑化している会社，多くの子会社や関連会社を有する会社，海外展開を積極的に行っている会社，複雑な金融取引を行っている会社などでは，会計の専門知識を有する監査役を1名以上配置することが望ましいと考えられます。

会計監査人は取締役会には出席しませんし，また，上記のような会社において会計監査人の監査の結果を相当と判断するためには，会計の専門知識・経験が不可欠な場合も少なくないためです。

③ 会計監査人を選任している会社においては，会計監査人とコミュニケーションをとり綿密な連携のもと，監査・会計に関して説明を受けるとともに疑問点は適宜解消し，理解に努めること

会計監査人は公認会計士または監査法人が就任します。会計監査人は会計の専門家であり，常に最新の会計基準や監査基準に基づく会計監査を行って

います。一方で，監査役が会計の専門知識をもたない場合には会計や監査について理解するのはやや難しいこともあります。しかし監査役は会計監査人の監査の方法と結果についての判断を求められますので，疑問点については遠慮せずに質問し，説明を受けることが必要です。

④ 経理部門と適宜打ち合わせの機会をもつなど，自社の経理体制や決算書についての説明を受け，理解を深めること

決算書を作成する経理部門における「決算財務報告プロセス」の内部統制の有効性，つまり決算書を適切に作成できる管理体制が整っているかどうかは，決算書の出来に影響を及ぼします（**第8章の2.(1)「③決算・財務報告プロセスの内部統制」**を参照，202頁）。作成にあたっての事前の会計処理の検討や承認，情報収集やスケジュール管理，作成後に作成者以外の人が決算書を十分にチェックする体制が整っていない場合は，それらができている場合に比べ，誤りの多い精度の低い決算書が作成される可能性が高くなります。

また，会計方針等についても，経理部門にて会社の方針として検討した内容について説明を受け，疑問点があれば解消しておく必要があります。

会計監査を行い，計算書類が適正に作成されていると認めたにもかかわらず，または会計監査人の監査の結果を相当と認めたにもかかわらず，計算書類に重大な嘘（虚偽記載）があった場合，監査役は責任を問われることがあります。会計監査は，「計算書類に会社の経営の成果が正しく反映されていること」を「保証」するものであるためです。

3. 業務監査

(1) 業務監査とは

業務監査とは，ここでは会計に関する事項以外の監査をいいます。

会計に関する事項以外とは何を指すのでしょうか。

それは，販売・購買・製品開発・生産・人事・情報セキュリティ・資金調

達ならびに運用なども含めた会社のすべての経営活動を指しています。これらが会社の経営目的と合致し，適切に遂行されているかどうかについてチェックすることが，業務監査の目的です。

業務監査においては，これらすべての取締役の職務の執行に法令・定款に違反する事項がないかを確かめます。また，合理性・効率性などの視点から，ルール遵守のみならず業務の改善も視野に入れた監査を行います。よって，業務監査の範囲は非常に広いといえます。

なぜ業務監査が必要なのでしょうか。

会社の活動は一定のルールに沿って行われなければなりませんが，ルール違反は是正されなければなりません。または，ルールを見直す必要性があるかもしれません。会社が社会に受け入れられるためには法令遵守やコンプライアンス体制の確立は必須ですし，また会社が営利法人である以上は利益を獲得することが必要ですので，なるべく合理的かつ効率的な活動を行わなければなりません。したがって，会社においては，日々の業務をチェックし，必要に応じて業務体制やルール等を適宜見直す体制もまた欠かせないのです。

なお監査役監査において，特に中心となる業務監査は，「取締役の職務執行に関してルール（法令・定款）違反がないかどうか」を監査することです。それ以外の業務監査は内部監査が中心となって行うのが一般的といえます。

(2) 業務監査を行ううえでの留意点

監査役監査が業務監査に対して適切に機能するためには，たとえば以下の事項について心掛ける必要があります。

① 対象範囲が広いため，効率性を考慮し，重点監査項目を定めること

前述のとおり，業務監査はその範囲が広いため，監査対象が無限となり得ます。しかし，監査役監査にも時間や工数，期限といった制約がありますので，特に重点的に業務監査を行う部分を重点監査項目として事前に決めて実施する必要があります。

具体的には，法令違反・定款違反が起こる可能性の高い業務，著しい損害

の発生や著しく不当な結果の生じやすい領域や業務，それらが起こった場合の影響が大きな業務・領域を中心に業務監査を行う必要があります。

② 自社の監査役監査に適した「監査役監査基準」や監査マニュアル・ツールを整備すること

日本監査役協会のホームページには，監査役監査の参考になるマニュアル・ツールの例が掲示されています。これらを適宜利用し，自社の実態に合った監査役監査基準を規程として整備し，チェックリスト等のマニュアルを作成することで，監査の質を一定以上に保つことが期待できます。

③ 監査役の職務を補助すべき使用人（監査役スタッフ）の利用も視野に入れ，監査役監査の実効性を高めること

監査役会は少人数で構成されることが多いため，対象範囲の広い業務監査においては，監査の日数・工数が不足するケースもあります。

内部監査部門との連携により実効性を高めることも可能ですが，必要に応じて監査役スタッフの利用を検討することも考えられます。なお，その場合，監査役は取締役または取締役会に監査役スタッフの配置を要請する必要があります（**第2章の「5.監査役スタッフ」**を参照）。

④ 監査の結果，判明した問題点や指摘事項については，重要性に応じて取締役会等に報告し，改善対応策についてもフォローすること

監査役は部門の担当者に対して十分にヒアリングを行い，きちんと協議したうえで事実関係を正確に報告することが必要です。業務監査は，問題点の指摘→改善→改善確認→新たな問題点の指摘，といった活動の繰り返しです。監査役が直接指摘すべきは，問題点であって人ではないことに留意するとともに，十分な配慮が必要になります。

⑤ 専門家へ直接かつ適時に相談できる体制・ルートを整備すること

業務監査は範囲が広く，会社の規模や業務内容が特に複雑で難しい場合な

ど，特定の分野の深い専門的知識が必要となる場合もあり得ます。そのような場合には，内部監査部門ならびに会計監査人以外にも，弁護士・税理士・コンサルタント・ITの専門家等の各分野の専門家へ直接相談できる，または場合によっては一部委託できるような体制の整備を検討してみてもよいと思われます。

4. 監査役監査の業務範囲

監査役が会計監査と業務監査についてどのように担当するかは，会計監査人の選任の有無によって異なります。

- 会計監査人非設置会社

  業務監査・会計監査ともに監査役が担当する。

- 会計監査人設置会社

  業務監査は監査役が担当する。会計監査については会計監査人が担当するが，監査役は会計監査人の会計監査の相当性に関する判断を行う。

なお，非公開会社（監査役会設置会社，会計監査人設置会社を除く）の場合は，監査役監査の業務範囲を会計監査に限定することができます。その場合はその旨を定款に定める必要があります（会389条1項）。

5. 適法性監査と妥当性監査

(1) 適法性監査

適法性監査とは，（取締役が）法令・定款などを遵守しているかどうかについての監査をいいます。つまりルール違反を犯していないかという視点からの監査です。違法性監査といわれることもありますが，いずれにしても法への準拠が問題となります。監査役監査における適法性監査は，具体的に以下の事項を監査することになります。

- 会社が作成した計算書類等が「一般に公正妥当と認められる会計基準」に準拠して作成されているか
- 取締役会の決議を必要とする重要な案件が適切な手続きを経て実行に移されているか
- 取締役が善管注意義務および忠実義務（会355条）を果たしているか。
- 取締役の「競業取引（会356条）」「利益相反取引（会356条）」はないか。またそのような取引があれば，取締役会で重要な事実を開示して適切な承認が得られているか。
- 無償の利益供与（会120条2項）が行われていないか。

　これらを監査するために，監査役は取締役会に出席し，重要な会議の議事録や稟議書を閲覧することに加えて，代表取締役を含む取締役と個別に面談を行います。

（2）妥当性監査

　妥当性監査とは，取締役の行為が経営判断の原則に照らして妥当であるかどうかを監査することをいいます。

　取締役は，「経営判断の原則」に基づいて業務を執行しなければなりません。経営判断の原則は取締役の経営活動の判断基準となるものです。会社を経営しビジネスを行ううえでリスクは付きものです。仮に取締役が経営判断を誤り，結果として会社に損失が発生した場合に取締役が無条件で結果責任を問われるとなれば，取締役はリスクを極力とらず，積極的な経営を行うことは難しくなるでしょう。よって取締役が経営判断の原則に則り十分に協議・調査をしたうえで経営上の判断を行ったものであれば，結果として会社に損失が生じた場合であっても取締役は責任を問われないことになります。経営判断の原則については，日本監査役協会の「監査役監査実施要領」第8章第2項II・(2)に以下のように記載されています。

経営判断原則

（ⅰ）事実認識に重要かつ不注意な誤りがないこと

　①意思決定のために必要な情報を十分に得ているか

　②情報（事実，計数，予測）は正確，客観的，中立的か

（ⅱ）意思決定過程が合理的であること

　①法令・定款，決裁権限規程等に準拠した意思決定か

　　（取締役会，経営会議等の付議基準，招集手続，議事運営等を含む）

　②代替案や想定しうる利益・不利益等必要事項の検討・審議が行われて
　　いるか

　③必要な場合，該当案件についての専門家の見解を徴しているか

（ⅲ）意思決定内容が法令又は定款に違反していないこと

　①業法や定款で認められる範囲内か

　②株式会社，経済・市場秩序，その他一般刑事事項等に対する法規制に
　　違反していないか

　③必要な場合，弁護士等の専門家の見解を徴しているか

（ⅳ）意思決定内容が通常の企業経営者として明らかに不合理ではないこと

　①集めた情報と適正な検討・審議に基づく合理的な結論となっているか

　②想定しうるリスクが会社の経営にとって致命的なレベルでないこと

（ⅴ）意思決定が取締役の利益又は第三者の利益ではなく会社の利益を第
　　一に考えてなされていること

　①取締役個人の保身や利得を得ることを目的としていないか

　②親族・友人等，会社以外の第三者の利益を図るためではないか

　監査役は，具体的には，取締役が適切な事実認識を行い，取締役の利益または第三者の利益ではなく会社の利益を第一に考え，通常の企業経営者として明らかに不合理ではない意思決定を合理的かつ適法な手続のもとに行ったかどうかという視点からの監査を行います。監査役は取締役がこの原則に則り十分に協議・調査をしたうえで決定したものであるかを監視監督，そして

検証します。

(3) 監査役はどこまで監査するか

第1章で述べたとおり，取締役と異なり監査役は経営判断そのものや業務執行にはかかわりませんので，監査役監査は妥当性監査には及ばないとする考え方があります。その一方で監査役への社会の期待や経済環境等の変化へ対応するために妥当性監査まで及ぶべきという考え方もあります。

一般的には，監査役監査は適法性監査をメインとしながらも，会社に著しく重要な影響を及ぼすと考えられる事項については，妥当性監査に踏み込む必要があると考えられています。取締役の業務の執行が，法令・定款には違反しない場合であっても，今後の会社経営にとって妥当な判断かどうかについては慎重に検討しなければなりません。その結果，著しく不当な事項があると監査役が認めるときは株主総会に対する報告義務（会384条），会社に著しい損害が生ずるおそれがあるときは違法行為差止請求権（会385条）があります。

6. 予防監査と摘発監査

(1) 予防監査

予防監査とは，問題が起こり得る状況の有無を確かめ，不祥事を起こさないための体制を整備・運用するために行う監査をいいます。

会社内で不祥事が起こる前に，会社や事業のリスクを適切に把握し，経営者に指摘・報告し，経営者にリスクへの対応をとらせることで，リスクが顕在化して不祥事等が起こることを予防することに努めます。

(2) 摘発監査

摘発監査とは，不正等の不祥事の有無を調査するために行う監査をいいます。

　不祥事が発見された場合には，内容に応じて組織内外に向けて公にし，その原因を追及します。不祥事の内容によっては社内における責任の所在を明確にし，社内の規律を正す必要もあります。また，二度と同じような不祥事が起こらないように内部統制をはじめとした管理体制の見直しを行います。

(3) 監査役に期待されている監査

　監査役には，摘発監査はもちろんのこと，近年は特に予防監査に対する期待が高まってきているといえます。

　なぜなら，一度不祥事が発生すると，会社の内部統制が機能していない，コンプライアンス（法令遵守）やコーポレート・ガバナンス（企業統治）の観点から問題があるとして社会的信頼が失墜する場合もあるからです。たとえば，不祥事により会社のイメージが悪化し顧客が離れ商品が売れずに業績が悪化する，取引先等が離れてしまう，株価が下落するなど，その影響はさまざまですが，起こってしまった後では取り返しのつかない大事となる場合も少なくありません。

　そのため，監査役監査には，事後の監査だけではなく，予防監査の実施が特に必要であるといえるでしょう。

7. 監査役監査

(1) 監査役監査の特徴

　監査役監査は会社の状態や会社の過去の歴史，そして前任監査役の監査，現監査役の経験等により，各社各様の監査が行われているのが実態ではないかと考えられます。日本監査役協会より，「監査役監査基準」や「監査役監査実施要領」が出てはいますが，これは一般論・参考・事例であり，法的な強制力をもったものではありません。これは会計監査人の監査が日本公認会計士協会の定める監査基準に必ず準拠して実施されることと比べ，特徴的といえるでしょう。したがって監査役監査を実施するにあたっては，それぞれ

の会社の機関設計や組織，監査環境などに応じて，会社に合った社内規程としての「監査役監査規程」を作成するとともに，取締役などに対して監査役監査の活動指針としてその理解を促す必要があります。

　また，通常，監査役監査では，不祥事が起きて監査役の責任が問われないかぎり監査役監査が適正に実施されていたのかを調査されることはありません。その意味でも，監査役それぞれの個人の倫理観やスキル・能力によるところが非常に大きいことも1つの特徴といえます。

(2) 監査役の独任制と多数決

　監査役の独任制について確認しておきます。

　監査役は，その権限の行使を誰にも妨げられません。監査役は1つの会社に複数人いたとしても1人ひとりが独立した存在・機関であり，相互に干渉されることなく，それぞれの監査役が個人の意思決定に基づいて職務を執行し，監査意見を表明します。このような仕組みを，監査役の独任制といいます。

　独任制は会社法の条文には明記されていませんが，個々の監査役の意見を尊重しなければ充分な監査を期待できないことから，そのように解釈されています。

　取締役会は常に多数決をもって決議が取られ，各取締役は決議内容に反する行動は認められませんが，監査役は監査役会で多数決により決議した事項であっても，決議内容に必ずしも拘束されない場合もあります。

　たとえば，監査役会の監査報告においても，各監査役の報告内容と監査役会（多数決）の報告内容に意見の相違がある場合には，付記することが可能です（施規130条，計規123条，計規128条）。

　ただし，監査役会が監査役からなる会議体であり多数決で監査役会としての決議を取り監査意見を表明する以上，監査役の権限自体を妨げることはできないとはいえ，監査役間で十分に協議をしたうえで，重要な意見の相違は事前に解消されることが望ましいと思われます。

8. 三様監査

(1) 三様監査とその役割の違い

　三様監査とは，監査役監査，内部監査，会計監査人監査の3つの監査を総称しています。内部監査部門，会計監査人は会社の監査役以外の監査担当者として，それぞれどのような立ち位置でどのような役割を果たしているのでしょうか。また，なぜこれらを総称するのでしょうか。

　監査役監査・内部監査・会計監査人監査は**図表3-3**のような違いがあります。

(2) 三様監査による効率かつ有効な監査

　このように，これら3つの監査はそれぞれの監査の目的や機能・範囲，立ち位置，また監査を行う環境や専門性・手続が異なります（**図表3-3**）。よってこれらを同一の者が実施することができず，それぞれの監査担当者が責任をもって行わなければなりません。

　しかし，それぞれの監査はそれぞれの強み・弱みをもっています。たとえば，専門的知識の有無，時間的な制約，監査の工数，情報の入手のしやすさ，監査対象に対する立ち位置による発言力などがあげられます。

　それぞれの監査が有する強み・弱みを相互に理解しつつ，三者が協力して適宜連携をとることで，弱点を補いながら，効率的かつ有効な監査を行えるのです。そのため，三様監査と称しており，会社のコーポレート・ガバナンスの体制からも重要な仕組みとされています。

　具体的には，定例的なミーティングの実施のほか，監査計画やその監査結果についての説明および共有すること，会計監査人が行う支店や子会社の往査，倉庫・店舗の実地棚卸立会などに監査役や内部監査担当者も同行することなどが考えられます。

図表 3－3　三様監査の違い

	監査役監査	内部監査	会計監査人監査
役割	取締役の職務執行の適法性を直接監査	• 取締役の指揮命令下で業務監査を実施 • 経営者が実施する内部統制評価の実務を担当 • 業務の有効化・効率化の確認・指摘 • 従業員等の不正調査・再発防止策検討	独立した第三者としての立場から会計監査を担当
根拠	会社法	任意	会社法
実施者	監査役 監査役会	内部監査の対象となる部門から独立した会社内の従業員	公認会計士・監査法人
監査	外部監査	内部監査	外部監査
選任	株主総会決議	会社における人事	株主総会決議
登記	必要	不要	必要
大会社	必要	任意	設置必須
上場会社	必要	必要	必要
対象	会計監査・業務監査（会381条1項）※	業務監査（会計監査を含む場合もある）	会計監査
内容・視点	**適法性監査** • 取締役などの業務執行が法令および定款に適合しているか否かの「適法性」を判断 • 妥当性監査の一部（重要な事項）	**妥当性監査** • 会社の経営目的と合致し，合法，かつ合理的・効率的に遂行されているか，業務の改善の必要性はないか，といった視点からの監査	**適正性監査** • 計算書類等が一般に公正妥当と認められる会計基準に準拠して作成され，またこれらが会社の財産及び損益の状況を全ての重要な点において適正に表示しているかについての監査
監査基準	（公社）日本監査役協会 「監査役監査基準」	（一社）日本内部監査協会 「内部監査基準」	企業会計審議会 「監査基準」

※なお，非公開会社（監査役会設置会社・会計監査人設置会社を除く）の場合は，監査役監査の業務範囲を会計監査に限定することができます。その場合にはその旨を定款に定める必要があります（会389条）。

第4章

監査役の1年

1. 監査役の1年—監査役監査の流れ—

　監査役の監査は1年を単位に完結します。

　通常，監査役の職務は，まずは任期の初年度において監査役への就任について打診を受け，定時株主総会において監査役に選任されたのち，監査役会を開いて一定の事項を決議することから始まります。その後，監査環境を整備しながら監査計画を立案し，期中監査を実施します。そして，事業年度末より期末監査を実施し，監査報告を行い，最後に株主総会において監査役として必要な対応をとり，1年間のすべての監査役の職務が終了します。

　それでは，監査役監査の1年の職務の流れをみてみます。

図表4-1　監査役の1年（3月決算会社の例）

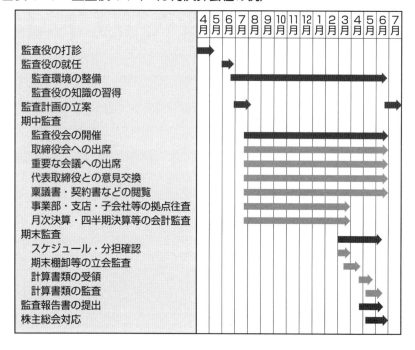

2. 監査役の打診と就任

(1) 監査役候補の打診

　監査役候補者として打診される時期は特に定められていませんので会社によってそれぞれ異なりますが，一般的には株主総会の2～3ヵ月前が多いようです。

　監査役候補者は，かつては取締役会により指名され，株主総会に監査役の選任決議として提出されていました。現在は株主総会に監査役の選任議案を提出するためには監査役の過半数の同意（監査役会設置会社においては，監査役会の同意）が必要とされており（会343条1項），また，監査役会が監査役選任の議案を株主総会に提出することを取締役会に請求することもできます（会343条2項）。

　つまり，監査役に打診されるということは，監査役として適切な能力をもった人物であると取締役と監査役により判断されたということです。

　では，監査役として適切な能力とは何でしょうか。

　一言でいえば，正義感と倫理観をもちバランス感覚があることではないでしょうか。ともすれば地味でかつ孤独である監査という仕事ですが，使命感をもって全うできることや，変化に対して臨機応変に対応し社内外のリスクを把握し対応すること，問題点の改善などを広い視野と長い目をもって評価し実行できること，監査上必要となる情報を積極的に収集し，処理し，必要な相手とコミュニケーションをとりつつ共有できること，などがあげられます。

　このような人物が監査役として望ましいとは思いますが，初めて監査役への就任を打診された時点では，まずは漠然とでも自分なりの監査役像をイメージし，監査役の役割とは何か，監査役になったら何をするのか，どのような監査役になりたいか，そのために何をすべきかを考えていただければと思います。

(2) 監査役に就任

監査役の打診を受け監査役候補者となり，監査役に就任することを決意した後は，株主総会の普通決議により正式に監査役に選任されます。欠員が生じた場合以外は，通常は定時株主総会において選任されます。

監査役に就任するにあたって，まず監査役とは何か，監査役監査とは何かについてこの本の**第1章**から**第3章**を参考にしていただければと思います。

また同時に，会社自体を理解することも始めます。会社の歴史や組織の風土，仕組み，事業の概要，役員や従業員などの人的な側面についての知識・情報は，今後の監査役監査に大いに役立つと思われます。

(3) 監査役就任後の決議

株主総会において監査役の就任が承認されたら晴れて監査役としての活動が始まります。3月決算会社を例にとれば，株主総会が終了した6月下旬頃でしょうか。

監査役監査を円滑に行うためには信頼関係の構築が必要ですので，関係者と円滑なコミュニケーションがとれるようにしておかなければなりません。そのためには，新任監査役として，代表取締役をはじめとした取締役，他の監査役，内部監査部門，会計監査人（監査法人），顧問弁護士，顧問税理士などに挨拶周りをすることも有益かもしれません。

次に，最初の監査役会を開いて，一定の事項を決議することになります。決議事項・協議事項は，法令等で定められています（**図表4－2**）。

図表4－2　定時株主総会後の初めての監査役会で決議する事項

決議事項	監査役会の議長の選定（任意）
	常勤監査役の選定（会390条2項2号，3項）
	特定監査役の選定（施規132条5項）（任意）
	報酬額の協議（会387条1項・2項） →各監査役の報酬について定款や株主総会における定めがない場合，監査役会において，報酬総額の限度内で監査役の協議により報酬を定めます。報酬協議書を作成しておきましょう。

(4) 監査役職務の引き継ぎ

　前任の監査役からの引き継ぎは文書で明確に，重要書類の内容の確認も含めて時間をかけて行うことが望ましいといえます。引き継ぎを受ける内容は主に以下の事項ですが，それ以外にも疑問点があれば，適宜，質問等をして解消しておくことも重要です。

- 前任監査役の監査活動の状況（監査方針，監査計画，会議等の出席状況，監査ツール，監査の結果とその根拠，監査調書，監査報告書等）
- 監査に必要な書類等の保管状況等
- 監査にかかる費用，予算等

(5) 監査役の知識の習得

　監査役職務の経験がない新任監査役を対象に日本監査役協会が協会会員の新任監査役向け研修会を開催しています。

　日本監査役協会とは，1974（昭和49）年に法務大臣より許可を得て，監査役等の監査の実効性向上を目的として設立された公益社団法人です。日本監査役協会の新任監査役研修会では，法律基礎講座・会計基礎講座などが開催されます。

　監査役としての職務を遂行するうえで最低限必要と思われる法律・会計の基礎知識を習得するうえで非常に有用と思われます。

　それ以外にも監査役向けのセミナー，研修会等，多くの場が準備されています。実務経験者より生の声を聞いて参考とするために，また情報交換の場とするために，それらの集まりに出席して交流を深めておくことも有益であると思われます。

　また，書籍の購入や，会計監査人に情報提供を求めることも考えられます。

(6) 監査環境の整備

　監査役に就任したら，監査役自らが社内の状況を調査し，自分から監査業務を実施しやすい環境を整備しなければなりません。社内の状況に応じて取

締役に対して監査環境の整備に必要な事項を要請しなければならない場合も起こり得ます。取締役も監査役の職務の執行のために監査環境の整備に留意する必要があるため，要請には応じなければなりません。

では，監査役監査の実効性を保つうえで必要な監査環境について具体的に考えてみます。各会社，各監査役によっても異なりますが，例としては，必要な情報へのアクセスがあげられます。資料の閲覧や責任者への質問等により必要な情報を入手できることは監査上欠かせません。また，期限内に必要な手続をしなければなりませんので監査工数の確保も必要です。そのほかにも監査のためのスペースの確保，遠方の子会社などの距離的な問題についても，状況に応じた工夫や対応が必要となる場合もあり得ます。監査業務を実施しやすい環境は待っていて準備してもらえるものではなく，また監査環境を整備するための努力なしに監査環境が整備されていないことが監査ができなかったことの理由とは認められないので，留意してください。監査役就任時に，会社役員賠償責任保険（D&O保険）への加入の有無と必要性を確かめておくことも必要と考えられます。

監査環境の整備は監査役就任直後だけではなく，年間をとおして取り組むべき課題であるといえるかもしれません。

3. 監査計画の立案

(1) 監査計画の立案方法と留意点

監査を実施すると，監査の結果を監査意見として報告することになりますが，そのためには必要な監査手続を実施し，監査意見を形成するための証拠を積み上げなければなりません。しかし，やみくもに監査手続を実施しても必要な証拠が入手できるかどうかはわかりませんし，相手があってこその監査ですので，受け入れ側も円滑に対応できるようにするため，必要な監査手続やその実施時期，実施範囲を事前に明確にし予定を立てます。これが「監査計画の立案」です。

図表4－3　監査計画の作成期間

定時総会終了後を起点に作成	監査役の就任期間と一致	3月決算会社であれば通常6月末
事業年度の開始時点を起点に作成	会計監査の対象となる会社の計算書類,事業計画や予算の期間と一致	3月決算会社であれば4月初め

　監査役監査の監査計画は，監査役間の協議，または監査役会の審議により決定し，代表取締役ならびに取締役会に報告されます（監査役監査基準36条）。監査計画を立案する場合，対象期間は一般に**図表4－3**の2つの場合があります。

　どちらの方がよいということはありませんが，監査対象となるのは事業年度です。よって，監査役の任期との関係で適切な引き継ぎや適宜の監査計画の見直しが必要となる場合もありますので留意してください。

　監査計画において決定することは，以下のとおりです。

①　**監査の基本方針および重点監査項目**

　監査の基本方針や重点監査項目は，前期以前の監査の結果と，今後の会社の方針ならびに社内外の経営環境の動向を考慮し，監査役間の協議または監査役会の審議によって決定します。それぞれの会社にとってリスクが高く，影響が大きい項目を中心に選定することになりますが，その過程で必要に応じて会計監査人や内部監査部門とも意見を交換し，その結果も考慮することが望ましいといえます。

②　**監査役監査の具体的なスケジュール**

　監査役監査の活動の内容とその実施時期，分担・担当者は，監査役監査の全体の流れがわかるようにして作成しておく必要があります。

③　**代表取締役との会合の日程**

　代表取締役との会合は非常に重要ですが，一方で代表取締役は通常多忙ですので，日程は早目に調整することが望ましいといえます。

④ 監査役会の日程

　監査役は取締役会に出席する義務があることから監査役会の開催日程は取締役会と同日である場合が多いようです。ただし，監査役会は，少人数である監査役が全員出席できることが重要ですので，監査役全員が出席できる日で調整することも検討してください。

⑤ 会計監査人との打ち合わせ日程

　監査計画策定時，四半期決算前後，期末決算事前，期末決算監査後，その他必要と認められるときに会計監査人との打ち合わせを行いますが，大まかな日程は事前に相互の協議に基づき決めておくとスムーズです。

⑥ 内部監査部門等との打ち合わせ日程

　監査の効率性，各部門の負担等，監査役監査と内部監査が同時期に実施されることによるメリット・デメリットを考慮し，情報共有も含め効率よくかつ重複なく協力して監査役監査と内部監査を実施するため，打ち合わせや現場往査の日程調整が必要となる場合も考えられます。

(2) 監査にかかる費用

　監査役監査の遂行にあたって必要となる経費，たとえば旅費交通費，自己研鑽のための書籍代・研修費，その他，会議の際にかかる費用などについては，監査役は事前または事後に会社に対して支払いを請求することができますが（会388条），なるべく経理部門の理解を得たうえで予算に織り込んでおくことが考えられます。ただし，監査費用は効率性に配慮しながら適切な範囲に収める必要があることに留意が必要です。

(3) 監査役の業務の分担

　監査役が複数選任されている場合，監査役はそれぞれ監査業務を分担することが一般的です。

　監査役によって経験や知識，専門性が異なりますし，社内・社外など，事

実上の役員・従業員との関係性も異なります。また常勤・非常勤など監査業務に費やせる時間も異なります。よって，監査役会では効率的・効果的に監査を行うため，各監査役に対して，それぞれの状況を考慮し，職能別・テーマ別・事業部別・地域別など，職務を分担し，監査を実施する必要があります。

　なお，監査業務を分担する場合，分担は主担当・副担当を決め書面にまとめて監査調書として保管するとともに，それぞれの監査役が実施した監査の実施状況と結果について監査調書や監査役会，その他の連絡会で相互に報告・情報の共有を行うことが重要です。

4. 監査の実施①—期中監査—

　監査役監査は，従来は多くは対面で実施されていましたが，新型コロナウイルス感染症の拡大時期以降，リモートでの実施も一般的なものとなってきました。対面での実施にもメリットはありますが，リモートでの監査もリモート環境が整備されていれば効果的に実施することが可能です（重要な会議への出席，遠隔地の監査など）。

　監査は実施時期に応じて期中監査と期末監査に分けられます。

　期末監査とは，期末に期中監査の結果を受けて計算書類の監査を行い，最終的な監査役会の監査報告書を作成するものです。

　期中監査とは，期末監査（決算監査ならびに株主総会対応）以外の監査をいい，日常的に行われます。具体的には，監査役は期中監査として以下の活動を行います。

（1）取締役会の出席

　監査役は，取締役会に出席し，必要があると認めるときは，意見を述べなければなりません（会383条1項）。これは取締役の職務の執行を監査する監査役の最も重要な監査活動であるといえます。

　監査役は取締役会の出席前に取締役会招集通知の内容，議案等を確認し，法令，定款，規則等への準拠を確かめます。また，疑問や不備があれば担当

取締役等より説明を受け，助言する必要があります。

　取締役会の席では取締役の職務執行が適切に行われているか，取締役の行為が善管注意義務，忠実義務に違反していないか，議事・決議の進行を見守り，会議運営が法令にそって実施されているかについて確かめます。

　取締役会終了後には，取締役会議事録が適切に作成されているかを確かめ，押印（または署名・電子署名）します。

(2) その他重要な会議への出席

　会社には，取締役会以外にも，経営会議，コンプライアンス委員会，内部統制委員会，リスク管理委員会，危機管理委員会，品質管理委員会など，重要な会議体を設けていることもあります。監査役はこれら必要と認められる会議にはなるべく出席し，担当者とのコミュニケーションや情報の収集にあたらなければなりません。

　特に，代表取締役が出席する会議は社内でも重要な会議である可能性が高いといえます。また，コンプライアンス委員会や内部統制委員会，リスク管理委員会などで報告される課題・問題点は，内部統制監査（内部統制の整備・運用状況の監査）にも関連します。

　日程の都合などにより会議に出席できなかった場合には，議事録を閲覧する，主催責任者より会議の結果等について説明を受ける，などフォローすることが考えられます。

(3) 代表取締役との会合（意見交換）

　監査役と代表取締役とは，定期的に会合を行わなければなりません。

　会合では，経営方針の確認をする一方で監査役が把握している問題点等を報告し，共通認識をもつとともに相互の信頼関係を構築・維持していかなければなりません。

　代表取締役は通常多忙であるため，監査計画を策定する時点でできれば1年分の会合日程を調整することが望ましい会社もあります。また，代表取締役より説明を受けるべき項目の事前の伝達，監査役が報告説明する事項の準

備は欠かせませんが，お互いの理解や信頼を深める目的からは，ざっくばらんなディスカッションが有効な場合もあります。

(4) 稟議書，契約書などの閲覧

　会社では，取締役会の決議事項以外にも，重要な決裁がされる場合や重要な契約が締結される場合もあります。これらは稟議書の閲覧や契約書の閲覧によって把握することができます。決裁や承認が適切な手続きに沿って実施されているか，決裁内容や契約内容が会社にとって特に不利なものではないか，合理的なものといえるかといった視点から確かめる必要があります。

(5) 事業部・支店・子会社等の拠点往査

　監査は現場に往査して行うことも必要です。特に重要またはリスクの高い事業部・支店・子会社などには積極的に出向いて現場の動向や現場の担当者の声を聞くことが望ましいでしょう。監査役は子会社調査権（会381条3項）を有していますが，親会社監査役・子会社監査役などのグループの監査役がいる場合には適宜コミュニケーションを図るなどして連携をとることも有用といえます。

　どの拠点に往査するかは監査計画の時点で決定し，前もって通知することが一般的ですが，往査日の直前には改めて日程や監査項目を確かめておく必要があります。

　また拠点往査の結果発見された問題点や指摘事項は，監査調書に記録するとともに，各事業部・支店・子会社等へ報告し，改善等の対応策の報告を受け，その結果を期末監査および次年度以降の監査に活かしていくことになります。

(6) 月次決算・四半期決算の会計監査

　月次決算数値については，前月数値や前年同月，月次予算数値との間に重要な増減・差異がある場合には，その理由・原因を把握しなければなりません。

具体的には取締役会等の重要な会議において説明を受ける，経理担当者に質問するなどの方法をとります。その理由等に応じて，取引記録について，会計処理の妥当性，経営判断の合理性，諸規程への準拠などを確かめます。

四半期決算を行っている場合には前四半期末の数字や前年四半期との数字との間に重要な増減・差異がある場合には月次決算と同様にその理由・原因を把握しなければなりません。

なお，従来より金融商品取引法適用会社のうち上場会社においては，3か月ごとに四半期決算として，四半期連結財務諸表または四半期財務諸表を作成するとともに，提出期限内に「四半期決算短信」を取引所において開示し，金融商品取引法に基づき「四半期報告書」を財務局に提出することが求められています。一方で「四半期開示制度の廃止を含む改正金融商品取引法」（以下，改正金商法）によれば，金融商品取引法における四半期報告書が廃止され，上場会社に対しては四半期報告書の代わりに半期ごとに半期報告書の提出が義務づけられます。

四半期短信の会計監査人の四半期レビューは任意となるものの，半期報告書については会計監査人のレビューが求められる見込であり，四半期ごと等，定期的に会計監査人の把握している会計上の課題や論点を共有し，意見を交換することは引き続き重要であると考えられます。

5. 監査の実施②—期末監査—

期末監査において監査役は監査意見を形成し，監査報告書を作成します。

具体的には決算書（計算書類等）の監査を行い，取締役の業務執行における法令・定款違反の有無について監査意見を表明することになります。

会計監査に関していえば，会計監査人設置会社ではない場合には監査役が会計監査を実施し，監査報告を実施しなければなりません。

会計監査人設置会社であっても，監査役は会計監査人の監査が「相当」であるかどうかを判断しなければなりません。つまり，会計監査人の監査の方法（監査計画の立案と監査の実施）が相当であること，ならびに，会計監査

人の監査の結果（監査報告）が相当であるか判断しなければなりません。

　仮に会計監査人の監査の結果が相当でないと判断した場合には，監査役自ら会計監査を実施し，その結果について監査役監査としての監査意見を表明しなければなりません。

　具体的には期末監査において，監査役は以下の手続を行います。

（1）期末の監査手続とスケジュール・分担の確認

　会社は決算を行うにあたり決算スケジュールを決めます。それを受けて監査役も監査役監査のスケジュールを検討します。法定期限を考慮しつつ，具体的な作業の内容や担当者，実施場所等，詳細な日程を組むとともに，進捗管理を行える体制を整えます。

（2）期末実地棚卸等の立会監査

　会計監査人設置会社では，会計監査人は期末日の残高を確定させるために主に現金・有価証券等の実査を行い，重要な棚卸資産がある場合には，会社が実施する棚卸資産の実地棚卸に立会います。**第5章**にて説明しますが，会計監査人の監査について監査役は会計監査人の監査の相当性を判断することになりますので，監査役も会計監査人とともに実地棚卸に立会うことが多いようです。現場で棚卸資産とその管理体制を確認することは，会社や事業の理解，管理体制とリスクの把握に有効です。

（3）計算書類・事業報告等の受領と監査

　監査役は，取締役から計算書類と計算書類の附属明細書，事業報告と事業報告の附属明細書を受領します。連結計算書類を作成している会社では連結計算書類も受領します（**図表4−4**）。

　監査役は受領した書類をすべて監査しなければなりません。監査にあたっては事前に当期の法令・会計基準の適用・改正，および会計方針や会計処理の新規適用や変更，様式等の改正の有無を確認しておく必要があります。

	会計監査人設置会社	会計監査人設置会社以外
計算書類	会計監査人による監査 監査役による監査	監査役監査のみ ※なお，非公開会社（監査役会設置会社を除く）の場合は，定款にその旨を定めることにより監査役監査の業務範囲を会計監査に限定することができます。その場合は事業報告及びその附属明細書の監査は行いません
計算書類の附属明細書		
連結計算書類		
事業報告	監査役監査のみ	
事業報告の附属明細書		

6. 計算関係書類（連結・個別）の監査

(1) 計算関係書類（連結・個別）の監査とは

連結計算書類および計算書類は以下の書類から構成されます。

連結（連結計算書類）：連結貸借対照表，連結損益計算書，連結株主資本等
変動計算書，連結注記表※

個別（計算書類）：貸借対照表，損益計算書，株主資本等変動計算書，個別
注記表，附属明細書

これらの計算関係書類の監査のポイントは，会社の業種・業態，規模，経
済環境，またはそれぞれの会社が有するリスクによって異なりますが，ここ
ではチェックポイントの例を示します。

(2) 連結計算書類の留意点①―連結貸借対照表―

連結決算とは，資本的にまたは実質的に「支配従属関係」にある法的に独
立した複数の会社からなる企業集団を，経済的な観点から単一の組織体とみ
なして行う決算をいいます。

※　有価証券報告書における連結財務諸表を国際会計基準（IFRS），修正国際基準または米国
会計基準に従って作成できるとされた株式会社は，会社法における連結計算書類も国際会計
基準（IFRS），修正国際基準または米国会計基準に従って作成することができます。

　具体的には，企業集団に属する親会社と子会社の個別の決算書を足し合わせ，親会社と子会社との間の投資と資本，取引高・債権債務，未実現利益等をそれぞれ消去することにより，企業集団全体の経営成績および財政状態を示します。連結決算により作成された財務諸表を連結財務諸表といい，個別財務諸表と比べ企業集団の財政状態・経営成績の実態をより明確に表します。

　会社法では，事業年度末において，大会社で，かつ，有価証券報告書を提出する義務のある会社（連結財務諸表作成会社に限る）には連結計算書類の作成が義務づけられています（会444条3項）。さらに，会社法は，その他の会社についても，連結計算書類の作成会社になることを認めました（会444条1項）。なお連結計算書類の作成会社は，連結計算書類の作成は複雑となることが多いため会計監査人の設置が条件とされています。

　連結の計算関係書類は，連結貸借対照表，連結損益計算書，連結株主資本等変動計算書，連結注記表の4つからなります（計規61条）。

　連結決算を行う会社においては，連結計算書類がより重視されますので，ここでは連結計算書類を中心にチェックのポイントをみていきます。

　連結貸借対照表は，企業グループの資本の調達先と運用形態を表した表です（**図表4-5**）。連結貸借対照表では資産合計と負債・純資産合計が必ず釣り合うように作られるため，バランスシートともいわれます。

　まず連結貸借対照表全体を鳥瞰的に眺め金額の大きな勘定科目に注目してください。ここでは各勘定科目のチェックポイントの例を示します。

①現金及び預金

　現金及び預金は，流動性が高く，不正のリスクは高いといえます。本社の現金及び預金だけではなく，子会社や支店や営業所で管理している現金及び預金についても，期中や期末に監査を行うことが考えられます。また多額の定期預金などを有している場合，預金証書などの現物を確かめます。

②受取手形及び売掛金

　受取手形，売掛金といった売上債権は，主に現金または預金で回収される

図表4-5　連結貸借対照表の記載例

連結貸借対照表

××××年○月○日現在

(単位：百万円)

科目	金額	科目	金額
(資産の部)		**(負債の部)**	
流動資産		流動負債	
現金及び預金	××	支払手形及び買掛金	××
受取手形及び売掛金	××	短期借入金	××
有価証券	××	リース債務	××
商品及び製品	××	未払金	××
仕掛品	××	未払法人税等	××
原材料及び貯蔵品	××	賞与引当金	××
その他	××	資産除去債務	××
貸倒引当金	△××	その他	××
流動資産合計	**×××**	**流動負債合計**	**×××**
固定資産		固定負債	
有形固定資産	××	社債	××
建物及び構築物	××	長期借入金	××
機械装置及び運搬具	××	リース債務	××
土地	××	繰延税金負債	××
リース資産	××	役員退職慰労引当金	××
建設仮勘定	××	退職給付に係る負債	××
その他	××	資産除去債務	××
有形固定資産合計	**×××**	その他	××
無形固定資産		**固定負債合計**	**×××**
のれん	××	**負債合計**	**×××**
ソフトウエア	××	**(純資産の部)**	
その他	××	株主資本	
無形固定資産合計	**×××**	資本金	××
投資その他の資産		資本剰余金	××
投資有価証券	××	利益剰余金	××
長期貸付金	××	自己株式	××
退職給付に係る資産	××	**株主資本合計**	**×××**
繰延税金資産	××	その他の包括利益累計額	
その他	××	その他有価証券評価差額金	××
貸倒引当金	△××	繰延ヘッジ損益	××
投資その他の資産合計	**×××**	土地再評価差額金	××
固定資産合計	**×××**	為替換算調整勘定	××
		退職給付に係る調整累計額	××
		その他の包括利益累計額合計	**×××**
		新株予約権	××
		非支配株主持分	××
		純資産合計	**×××**
資産合計	**×××**	**負債・純資産合計**	**×××**

ものです。期首の数字と比較して大きな増減があれば理由を確かめます。回転期間（売上高÷期末の売上債権残高）を算定し，複数年の趨勢分析を行い，異常な変動があれば理由を確かめます。また，長期にわたって滞留している売上債権があればその回収可能性に問題がないか，回収可能性に問題がある場合には貸倒引当金の計上が十分であるかを確かめます。

③商品及び製品，仕掛品，原材料及び貯蔵品

棚卸資産は，会社が営業過程で製造・販売するために所有しているものです。期末には実地棚卸を行って現物が実在することを確かめ，また適切な評価を行っていることを確かめます。

期首の数字と比較して大きな増減があれば理由を確かめます。特に増加している場合，種類別に回転期間（売上原価÷期末の棚卸資産残高）を算定し，複数年の趨勢分析を行い，回転期間が延びているようであれば，通常の販売期間を経過しても販売されていない滞留棚卸資産がある可能性がありますので，適切な評価がされているか，経理部門に質問します。また，実地棚卸の立会時の監査記録に立ち返り，ルールに従った棚卸が行われたかどうか確かめます。実地棚卸の際に調査が必要とされた事項についてはすべて調査がされているか質問します。

④有価証券・投資有価証券

上場会社の株券は電子化され証券保管振替機構（通称：ほふり）に預けられますので，手続上は金融機関をとおして残高証明書を取り寄せて銘柄・株数の記載内容を確かめます。市場価格のない株式等以外の株式については期末日の時価にて評価されていることを確かめるとともに，市場価格のない株式については会計帳簿上の計上額と当該株式の発行会社の直近の決算書における純資産持分とを比較します。50％以上下落している場合には，評価損の計上要否に注意が必要です。

⑤固定資産（有形固定資産・無形固定資産）

固定資産を多数有する会社では重要な勘定科目です。期首の数字と比較して大きな増減があれば理由を確かめます。管理部門が固定資産の現物の確認を行っている場合には，同席するかその確認結果を確かめます。

固定資産の減損会計の適用により，経営環境の悪化や不採算部門の存在，使用見込みのない資産がある場合，固定資産に対して減損損失を計上しなければならない場合があります。会社の資産又は資産グループの考え方，減損の兆候の有無，減損の判定，減損の測定について，それぞれの考え方とその判断結果および根拠を経理部門に確認します。

無形固定資産についても，使用していないソフトウエアや，企業結合時に計上されたのれん等について当初予定した計画通りに事業が進捗していない場合などに，減損損失の計上の要否に注意が必要です。

⑥貸付金

期首の数字と比較して大きく増加していれば理由を確かめます。約定どおりに入金されていない貸付金がある場合には貸倒引当金の計上が不足していないか確かめます。また，ワンイヤールール※が適用されますので，流動と固定が正しく分類されているか確かめます。

⑦繰延税金資産

繰延税金資産とは，税効果会計の適用により将来の法人税等の軽減効果があると見込まれるものを資産として計上したものです。

ただし，繰延税金資産は，将来の事業で会社が獲得する税務上の利益（課税所得）の発生を前提に資産に計上しますので，特に過去において業績の不安定な会社では，将来の法人税等の軽減効果が本当にあるのかどうか，事業計画等を慎重に検討する必要があります。繰延税金資産は，将来の事業年度

※　ワンイヤールールとは，期末日より1年以内に支払・回収される短期の資産・負債を貸借対照表の流動区分に，期末日より1年超で支払・回収される長期の資産・負債を貸借対照表の固定区分に計上・表示するルールをいいます。

において回収不能と認められない場合には取り崩さなければなりません。

⑧支払手形・買掛金

仕入債務はその計上漏れの有無が問題となります。期首の数字と比較して大きな増減があれば理由を確かめます。

⑨社債・借入金（短期・長期）

大きな増減がある場合，その理由を確かめます。またワンイヤールールが適用されますので，流動と固定が正しく区分されているか確かめます。

⑩各種の引当金

賞与の制度がある場合には規程ならびに会計基準に従って適切な承認のもとで賞与引当金が見積もられ，計上されているか確かめます。

また，たとえば債務保証をしておりその履行により損失が発生する可能性が高い場合，損害賠償訴訟等により損失が発生する可能性が高い場合など，当期以前の事象が原因で将来に費用や損失が発生する可能性が高い場合には引当金の計上が必要となる場合もありますので，思い当たる取引や事象がある場合には経理部門等に確かめます。

⑪退職給付に係る負債・退職給付に係る資産

退職給付の制度がある場合には規程ならびに会計基準に従い退職給付に係る負債または資産が計上されているか確かめます。

⑫純資産の部

純資産の部の資本金・資本準備金の金額は個別の貸借対照表の金額と一致します。連結子会社に外部株主がいる場合，純資産の部に「非支配株主持分」（外部株主の持ち分を示す勘定科目）が計上されていることを確かめます。

⑬その他の科目

期首の数字と比較し，大きな増減があれば理由を確かめます。当期に費用化すべきもの，債権ではあるが入金が見込まれないものがないか質問することが考えられます。

また，期首にはない勘定科目が突然計上されているような場合には経理部門に内容を確かめるとともに，会計監査人にもそのような処理でよいのか質問してください。

（3）連結計算書類の留意点②—連結損益計算書—

連結損益計算書は，企業グループの事業により1事業年度に獲得した収益，発生した費用を示し，どれだけの利益・損失を出したかという事業の成果をまとめた表です（図表4−6）。

連結損益計算書も全体を鳥瞰的に眺めてみてください。連結損益計算書は前期の連結損益計算書と並べて比較することが重要であるといえます。

①売上高

前期の売上高の額と比較し，大きな増減がある場合にはその理由を確かめます。事業報告に売上の内訳や主な増減の内容の記載があります。両者の売上高の金額が一致していることとともに，期中監査でさまざまな部署・会議等で入手した情報との整合性も検討します。

売上高の計上方針については，会計方針の変更の有無や，新しいサービスなどの有無を確認してください。売上高は，企業会計基準第29号「収益認識に関する会計基準」，企業会計基準適用指針第30号「収益認識に関する会計基準の適用指針」に基づき計上する必要があり，顧客に対する履行義務が具体的に何であるのかが重要なポイントです。ビジネスの理解，事業報告書や有価証券報告書の記載等に照らして履行義務についての理解が必要となります。

また，期末日付近に多額の取引があった場合，通常でない取引があった場合には，不適切な売上を計上している可能性もあるため，売上を計上しても

図表 4 － 6　連結損益計算書の記載例

連結損益計算書
自　××××年○月○日　至　××××年○月○日

(単位：百万円)

科目		金額
売上高		××××
売上原価		××××
売上総利益		×××
販売費及び一般管理費		×××
営業利益		×××
営業外収益		
受取利息	××	
受取配当金	××	
その他	××	×××
営業外費用		
支払利息	××	
持分法による投資損失	××	
その他	××	×××
経常利益		×××
特別利益		
固定資産売却益	××	
投資有価証券売却益	××	××
特別損失		
減損損失	××	
投資有価証券評価損	××	××
税金等調整前当期純利益		×××
法人税等	××	
法人税等調整額	××	×××
当期純利益		×××
非支配株主に帰属する当期純利益		×××
親会社株主に帰属する当期純利益		×××

よい取引かどうか確かめます。

②売上原価

売上原価率（売上原価を売上高で割った比率）を算定し，前期と比較して大きな変動がある場合にはその理由を検討します。特に原価率が大幅に改善している場合には原価の計上が漏れている可能性もあります。企業グループが複数の事業を営んでいる場合には，売上高と売上原価を会社ごとまたは事業ごとに分けて原価率を算定して比較することも必要となるかもしれません。顧客に対して販売した商品・提供したサービスに直接要した費用でなくとも売上原価として処理すべきものもあるので注意が必要です（例：棚卸減耗損，棚卸評価損など）。

③販売費及び一般管理費

販売費及び一般管理費の計上額について，科目ごとに前期の計上額と比較して大きな増減があれば理由を確かめます。また，企業グループの主要な会社に関しては，決算日翌月の発生費用のなかに当事業年度に計上すべき費用が含まれていないかどうか，計上漏れがないかどうかも確かめます。

④営業外収益・営業外費用

営業外収益は，受取利息・受取配当金などの財務収益が主な内容です。また営業外費用は，支払利息などの財務費用が主な内容です。それぞれ前期の計上額と比較して大きな増減があれば理由を確かめます。

関連会社等に対して持分法を適用している場合，持分に相当する損益が「持分法による投資利益（持分法による投資損失）」という科目で営業外収益または営業外費用に計上されます。

また，営業外収益や営業外費用の「その他」と表示されているものについては，金額が大きい場合には内容を確かめます。

⑤特別利益・特別損失

特別利益や特別損失の内容を確かめます。それらが臨時・巨額といえるものかどうか，特に特別損失については営業費用（売上原価・販売費及び一般管理費）として処理すべきものが含まれていないかに注意が必要です。

⑥当期純利益

法人税等を計上する前の利益は，連結損益計算書では「税金等調整前当期純利益（または損失）」と表示します。

連結子会社に外部株主がいる場合，外部株主に帰属する損益は「非支配株主に帰属する当期純利益（または非支配株主に帰属する当期純損失)」，親会社に帰属する損益は「親会社株主に帰属する当期純利益（または親会社に帰属する当期純損失)」に分けて表示します。

(4) 連結計算書類の留意点③―連結株主資本等変動計算書―

連結株主資本等変動計算書とは，企業グループの純資産の変動を示す計算表です（**図表4－7**）。まず，期首残高も含め，連結貸借対照表の純資産の部・連結損益計算書の当期純利益などが他の書類と整合しているかを確かめます。また，期中の変動がその事由ごとに適切に記載されているかを確かめます。

連結株主資本等変動計算書においては，「その他の包括利益累計額」が内訳とともに記載されます。また，外部株主がいる場合には非支配株主持分の増減もあわせて記載されているかどうか確かめます。

図表 4 − 7　連結株主資本等変動計算書の記載例

連結株主資本等変動計算書
自　××××年○月○日　　至　××××年○月○日

(単位：百万円)

	株主資本				
	資本金	資本剰余金	利益剰余金	自己株式	株主資本合計
当期首残高	×××	×××	×××	×××	×××
当期変動額					
剰余金の配当			×××		×××
当期純利益			×××		×××
自己株式の取得				××	××
自己株式の処分				××	××
株主資本以外の事業年度中の変動額(純額)					
当期変動額の合計			×××	××	×××
当期末残高	×××	×××	×××	×××	×××

科目	その他の包括利益累計額							新株予約権	非支配株主持分	純資産合計
	その他有価証券評価差額金	繰延ヘッジ損益	土地再評価差額金	為替換算調整勘定	退職給付に係る調整累計額	その他の包括利益累計額合計				
当期首残高	×××	×××	×××	×××	×××	×××	×××	×××	×××
当期変動額									
剰余金の配当									×××
当期純利益								×××	×××
自己株式の取得									××
自己株式の処分									××
株主資本以外の事業年度中の変動額(純額)	×××	×××	×××	×××	×××	×××	×××	×××	×××
当期変動額の合計	×××	×××	×××	×××	×××	×××	×××	×××	×××
当期末残高	×××	×××	×××	×××	×××	×××	×××	×××	×××

(5) 連結計算書類の留意点④―連結注記表―

　連結注記表とは，注記を一表にして表示するものです。連結注記表においては，連結決算の方針，資産の評価や引当金の計上方針といった会計方針，連結貸借対照表・連結損益計算書・連結株主資本等変動計算書それぞれに対する注記，その他，会社計算規則が求めている注記項目が記載されます。
連結注記表の記載項目は**図表4－8**，連結注記表の例は**図表4－9**のとおりです。

図表4－8　連結注記表の記載項目

	項目
1	継続企業の前提に関する注記
2	連結計算書類の作成のための基本となる重要な事項等に関する注記
3	会計方針の変更に関する注記
4	表示方法の変更に関する注記
5	会計上の見積りに関する注記
6	会計上の見積りの変更に関する注記
7	誤謬の訂正に関する注記
8	連結貸借対照表に関する注記
9	連結損益計算書に関する注記
10	連結株主資本等変動計算書に関する注記
11	金融商品に関する注記
12	賃貸等不動産に関する注記
13	1株当たり情報に関する注記
14	重要な後発事象に関する注記
15	収益認識に関する注記
16	その他の注記

図表4−9　連結注記表の例

連結注記表

1．連結計算書類の作成のための基本となる重要な事項に関する注記等
(1) 連結の範囲に関する事項
①連結子会社の状況
　・連結子会社の数　　　　　2社
　・連結子会社の名称　　　　××××株式会社
　　　　　　　　　　　　　　株式会社▲▲▲▲

　・連結の範囲の変更
　　　当連結会計年度に株式会社▲▲▲▲の全株式を取得したことにより，連結の
　　範囲に含めております。
②非連結子会社の状況
　・非連結子会社の数　　　　1社
　・非連結子会社の名称　　　□□□□有限公司.
　・連結の範囲から除いた理由
　　　非連結子会社は，合計の総資産，売上高，当期純損益（持分に見合う額）及
　　び利益剰余金（持分に見合う額）等が連結計算書類に重要な影響を及ぼしてい
　　ないため，連結の範囲から除外しております。

(2) 持分法の適用に関する事項
①持分法を適用した非連結子会社及び関連会社の状況
　　　該当事項はありません。
②持分法を適用しない非連結子会社及び関連会社の状況
　・非連結子会社の数　　　　1社
　・非連結子会社の名称　　　□□□□有限公司
　・持分法を適用しない理由
　　　持分法非適用会社は，それぞれ当期純損益（持分に見合う額）及び利益剰余
　　金（持分に見合う額）等に及ぼす影響が軽微であり，かつ全体としても重要性
　　がないため，持分法を適用しておりません。

(3) 連結子会社の事業年度等に関する事項
　　　連結子会社のうち株式会社▲▲▲▲の決算日は，○月○日であります。連結計算
　　書類の作成に当たっては，連結決算日で本決算に準じた仮決算を行った計算書類を
　　基礎としております。
　　　上記以外の連結子会社の事業年度は，連結計算書類提出会社と一致しております。

(4) 会計方針に関する事項
①資産の評価基準及び評価方法
　　イ．有価証券の評価基準及び評価方法
　　　　満期保有目的の債券 ……………………… 償却原価法（定額法）

その他有価証券

　・市場価格のない株式等以外のもの ………… 期末日の市場価格等に基づ
く時価法（評価差額は全部
純資産直入法により処理し，
売却原価は移動平均法によ
り算定）

　・市場価格のない株式等 ……………………… 移動平均法による原価法

ロ．棚卸資産の評価基準及び評価方法

　商品，製品，仕掛品，原材料 ………… 移動平均法による原価法（貸借対
照表価額は収益性の低下による簿
価切下げの方法により算定）

　貯蔵品 ……………………………………… 最終仕入原価法

②重要な減価償却資産の減価償却の方法

　イ．有形固定資産

　　主として定率法によっております。ただし，建物（建物附属設備は除く）及
び2016年4月1日以降に取得した建物附属設備及び構築物は定額法によって
おります。　なお，主な耐用年数は次のとおりであります。

　　　建物　　　　　　○～○年

　　　建物附属設備　　○～○年

　ロ．無形固定資産

　　定額法によっております。なお，自社利用のソフトウエアについては，社
内における利用可能期間（○年）に基づいております。

③重要な引当金の計上基準

　イ．貸倒引当金　　　　売上債権等の貸倒損失に備えるため，一般債権につい
ては貸倒実績率により，貸倒懸念債権等特定の債権
については個別に回収可能性を検討し，回収不能見込額
を計上しております。

　ロ．賞与引当金　　　　従業員に対する賞与の支給に備えるため，支給見込額
のうち，当連結会計年度の負担額を計上しております。

　ハ．役員退職慰労引当金　役員の退職慰労金の支出に備えるため，内規に基づく
期末要支給額を計上しております。

④のれんの償却方法及び償却期間

　のれんの償却については，○年の定額法により償却を行っております。

⑤収益及び費用の計上基準

　　商品等の販売は引渡時点において顧客が当該商品等に対する支配を獲得し，履
行義務が充足されると判断し，当該時点で収益を認識しております。なお，出荷
時から商品等の支配が顧客に移転される時までの期間が通常の期間である場合には，
出荷時点において収益を認識しております。また，設備の販売等据付や検収を受
けるのに相当期間を要するものは，検収時点において顧客が当該設備等に対する
支配を獲得し，履行義務が充足されると判断し，当該時点で収益を認識しており
ます。

　　保守サービスなど一定期間にわたって支配が移転する取引については，契約期
間を履行義務の充足期間として，履行義務を充足するにつれて一定の期間に渡り

均等に収益を計上しております。
⑥その他連結計算書類の作成のための基本となる重要な事項
イ．退職給付に係る負債の計上基準
　　退職給付に係る負債は，従業員の退職給付に備えるため，当連結会計年度末における見込額に基づき，退職給付債務から年金資産の額を控除した額を計上しております。過去勤務費用は，主としてその発生時の従業員の平均残存勤務期間以内の一定の年数（○年）による定額法により費用処理しております。数理計算上の差異は，主として各連結会計年度の発生時における従業員の平均残存勤務期間以内の一定の年数（○年）による定額法（一部の連結子会社は定率法）により按分した額を，それぞれ発生の翌連結会計年度から費用処理しております。未認識数理計算上の差異および未認識過去勤務費用については，税効果を調整の上，純資産の部におけるその他の包括利益累計額の退職給付に係る調整累計額に計上しております。

（会計上の見積りに関する注記）
　　会計上の見積りにより当連結会計年度に係る連結計算書類にその額を計上した項目であって，翌連結会計年度に係る連結計算書類に重要な影響を及ぼす可能性があるものは，次のとおりです。

１．無形固定資産の減損
　(1) 当連結会計年度の連結計算書類に計上した金額
　　　　のれん　　　　　　×××百万円
　(2) 識別した項目に係る重要な会計上の見積りの内容に関する情報
　　　　のれん等，当社グループの無形固定資産については，減損の兆候の把握，減損損失の認識及び測定に当たり事業計画や市場環境を鑑み，慎重に検討しております。減損の兆候の判定に用いた事業計画の主要な仮定は売上高成長率であり，過去の実績推移及び市場の成長率を考慮して決定しております。
　(3) 翌連結会計年度の連結計算書類に与える影響
　　　　事業計画や市場環境の変化により，その見積り額の仮定に変更が生じた場合，翌連結会計年度の連結計算書類において，のれん等，当社グループの無形固定資産の金額に重要な影響を与える可能性があります。
２．繰延税金資産の回収可能性
　(1) 当連結会計年度の連結計算書類に計上した金額
　　　　繰延税金資産　　　×××百万円
　(2) 識別した項目に係る重要な会計上の見積りの内容に関する情報
　　　　繰延税金資産の認識は，将来の事業計画に基づく課税所得の発生時期及び金額によって見積もっております。課税所得の見込額の算定に用いた事業計画の主要な仮定は売上高成長率であり，過去の実績推移及び市場の成長率を考慮して決定しております。
　(3) 翌連結会計年度の連結計算書類に与える影響
　　　　当該見積りは，将来の不確実な経済条件の変動などによって影響を受ける可能性があり，実際に発生した課税所得の時期及び金額が見積りと異なった場合，翌連結会計年度の連結計算書類において，繰延税金資産の金額に重要な影響を与え

る可能性があります。

(連結貸借対照表に関する注記)
2．担保に供している資産
　　建物及び構築物　　　　×××
　　機械装置及び運搬具　　×××
　　土地　　　　　　　　　×××
　　投資有価証券　　　　　×××
　　合計　　　　　　　　　×××　　百万円
　　上記に対応する債務
　　短期借入金　　　　　　×××
　　長期借入金　　　　　　×××
　　合計　　　　　　　　　×××　　百万円

3．有形固定資産の減価償却累計額　×××　百万円

4．保証債務等
　　保証債務　　　　　　　×××
　　保証予約　　　　　　　×××
　　合計　　　　　　　　　×××　　百万円

(連結損益計算書に関する注記)
5．減損損失
　　当連結事業年度において，以下の資産グループにおいて減損損失を計上しております。

(百万円)

場所	用途	種類	減損損失
×××	×××	×××	×××
×××	×××	×××	×××
		合計	×××

　　当社グループは遊休資産については個別の物件ごとに，事業用資産については支店・事業所ごとにグルーピングをしております。事業用資産につきましては，営業損益の悪化により損失の計上が継続する支店・事業所の固定資産について，帳簿価額を回収可能価額まで減損し，当該減少額を減損損失（××百万円）として特別損失に計上しております。

　　なお，当該事業用資産の回収可能価額は正味売却可能価額と使用価値のいずれか高い価額としております。正味売却可能価額は，路線価等に基づき算定し，使用価値は，将来キャッシュ・フローに基づく評価額によっております。

(連結株主資本変動計算書に関する注記)
6．連結株主資本等変動計算書に関する注記
　(1) 発行済株式の種類及び総数に関する事項
　　　普通株式　　　　　　　　　　　　　　　　×,×××,×××株

(2) 剰余金の配当に関する事項

① 配当金支払額等

決議	株式の種類	配当金の総額（百万円）	1株当たり配当額（円）	基準日	効力発生日
××××年〇月〇日定時株主総会	普通株式	××	×,××	××××年〇月〇日	××××年〇月〇日

② 基準日が当連結会計年度に属する配当のうち，配当の効力発生日が翌連結会計年度になるもの

決議予定	株式の種類	配当の原資	配当金の総額(百万円)	1株当たり配当額(円)	基準日	効力発生日
××××年〇月〇日取締役会	普通株式	利益剰余金	××	×.××	××××年〇月〇日	××××年〇月〇日

(金融商品に関する注記)

(1) 金融商品の状況に関する事項

当社グループは，資金運用については短期的な預金等に限定し，銀行等金融機関からの借入により資金を調達しております。

営業債権である受取手形及び売掛金に係る顧客の信用リスクは，与信管理規程に沿ってリスク低減を図っております。

また，投資有価証券は主として株式及び債券であり，時価のある有価証券については四半期ごとに時価の把握を行っております。

営業債務である支払手形及び買掛金は，ほぼ1年以内の支払期日であります。

社債及び借入金の使途は運転資金であります。

(2) 金融商品の時価等に関する事項

××××年〇月〇日（当期の連結決算日）における連結貸借対照表計上額，時価及びこれらの差額については，次のとおりであります。なお，市場価格のない株式等は，次表には含めておりません。

(単位：百万円)

	連結貸借対照表計上額	時価	差額
投資有価証券（その他有価証券）	××	××	―
資産　計(※1)	××	××	―
(1) 社債(※2)	××	××	××
(2) 長期借入金(※3)	××	××	××
負債　計	××	××	×

(※1)「現金預金」「受取手形」「売掛金」「支払手形」「買掛金」「短期借入金」「未払金」については，現金であること，及び短期間で決済されるため時価が帳簿価額に近似するものであることから，記載を省略しております。

（※2）社債は1年以内償還予定の社債が含まれております。

（※3）長期借入金は1年以内返済予定の長期借入金が含まれております。

（※4）非上場株式（連結貸借対照表計上額○○百万円）は，市場価格がなく，時価を把握することが極めて困難と認められるため，「投資有価証券（その他有価証券）」には含めておりません。

(3) 金融商品の時価のレベルごとの内訳等に関する事項

金融商品の時価を，時価の算定に用いたインプットの観察可能性および重要性に応じて，以下の3つのレベルに分類しております。

レベル1の時価：同一の資産または負債の活発な市場における（無調整の）相場価格により算定した時価

レベル2の時価：レベル1のインプット以外の直接または間接的に観察可能なインプットを使用して算定した時価

レベル3の時価：重要な観察できないインプットを使用して算定した時価

時価の算定に重要な影響を与えるインプットを複数使用している場合には，それらのインプットがそれぞれ属するレベルのうち，時価の算定における優先順位が最も低いレベルに時価を分類しております。

①時価をもって連結貸借対照表計上額とする金融資産および金融負債

（単位：百万円）

区分	時価			
	レベル1	レベル2	レベル3	合計
投資有価証券				
株式	××	―	―	××
債券	―	―	××	××
資産計	××	―	××	××

②時価をもって連結貸借対照表計上額としない金融資産および金融負債

（単位：百万円）

区分	時価			
	レベル1	レベル2	レベル3	合計
社債	―	×××	―	×××
長期借入金	―	×××	―	×××
負債計	―	×××	―	×××

（注）時価の算定に用いた評価技法及び時価の算定に係るインプットの説明

投資有価証券

上場株式は相場価格を用いて評価しております。上場株式は活発な市場で取

引されているため，その時価をレベル1の時価に分類しております。また，債券については純資産に基づく評価モデルもしくは，その他の適切な評価技法を用いて測定しています。観察できない時価の算定に係るインプットを使用しているため，レベル3の時価に分類しております。

社債（1年内償還予定の社債を含む）
　　社債の時価は，市場価格のない社債であり，元利金の合計額を同様の社債を発行した場合に適用されると考えられる利率で割り引いて現在価値を算定しており，レベル2の時価に分類しております。

長期借入金（1年内返済予定の長期借入金を含む）
　　元利金の合計額を同様の新規借入を行った場合に想定される利率で割り引いて算定する方法によって算定しており，レベル2の時価に分類しております。

（収益認識に関する注記）
（1）顧客との契約から生じる収益を分解した情報

（単位：百万円）

	当連結会計年度
東京都	×××
神奈川県	××
千葉県	××
埼玉県	××
顧客との契約から生じる収益	×××
その他の収益	×
外部顧客への売上高	×××

（2）顧客との契約から生じる収益を理解するための基礎となる情報
　　収益を理解するための基礎となる情報は，「1．重要な会計方針に係る事項に関する注記⑤重要な収益及び費用の計上基準」に記載のとおりであります。

（3）当連結会計年度及び翌連結会計年度以降の収益の金額を理解するための情報
　　①契約資産及び契約負債の残高等
　　契約資産及び契約負債の当連結会計年度の期首残高及び期末残高はありません。
　　②残存履行義務に配分した取引価格
　　該当事項はありません。

（1株当たり情報に関する注記）
1株当たり純資産額　　　　　　　××××円 ××銭
1株当たり当期純利益　　　　　　××××円 ××銭

（重要な後発事象に関する注記）
該当事項はありません。

(6) 個別の計算関係書類の留意点

①貸借対照表

　貸借対照表は，親会社単体の資本の調達先と運用形態を表しています。各勘定科目のチェックポイントは連結貸借対照表と大きな違いはありませんが，「関係会社株式」として子会社や関連会社の株式が計上されている場合には，会計帳簿上の計上額と当該株式の発行会社の直近の決算書における純資産持分とを比較し，50%以上の下落がみられる場合には，評価損の計上要否が重要なポイントとなります。

②損益計算書

　損益計算書とは，親会社単体の1事業年度に獲得した収益，発生した費用を示し，どれだけの利益・損失を出したかという事業の成果をまとめた表です。
　各勘定科目のチェックポイントは連結損益計算書と大きな違いはありません。

③株主資本等変動計算書

　株主資本等変動計算書とは，親会社の純資産の変動を示す計算表です。期首残高も含め，貸借対照表の純資産の部・損益計算書の当期純利益などが他の書類と整合しているか，期中の変動がその事由ごとに適切に記載されているかを確かめます。

④個別注記表

　個別注記表とは，注記を一表にして表示する決算書です。
　個別注記表の記載項目は**図表4−10**のとおりです。会社の種類（公開会社かどうか，会計監査人設置会社かどうか）によって，記載すべき項目が区別されています（計規98第1項，第2項）。なお，※1については，個別注記表に記載すべき事項が連結注記表に記載すべき事項と同一である場合において，個別注記表にその旨を記載するときは，個別注記表における当該事項の

図表4－10　個別注記表の記載項目

	項目	記載の要否			
		①	②	③	④
1	継続企業の前提に関する注記（計規100）	○	○	－	－
2	重要な会計方針に関する注記（計規101）	○	○	○	○
3	会計方針の変更に関する注記（計規102の2）[※1]	○	○	○	○
4	表示方法の変更に関する注記（計規102の3）[※1]	○	○	○	○
5	会計上の見積りに関する注記（計規102条の3の2）[※1]	○	○	－	－
6	会計上の見積りの変更に関する注記（計規102条の4）	○	○	－	－
7	誤謬の訂正に関する注記（計規102条の5）	○	○	○	○
8	貸借対照表等に関する注記（計規103）	○	○	○	○
9	損益計算書に関する注記（計規104）	○	○	○	－
10	株主資本等変動計算書に関する注記（計規105）	○	○	○	○
11	税効果会計に関する注記（計規107）	○	○	○	－
12	リースにより使用する固定資産に関する注記（計規108）	○	○	○	－
13	金融商品に関する注記（計規109）[※2]	○	○	○	－
14	賃貸等不動産に関する注記（計規110）[※2]	○	○	○	－
15	持分法損益等に関する注記（計規111）[※2]	○	－	－	－
16	関連当事者との取引に関する注記（計規112）	○	○	○	－
17	1株当たり情報に関する注記（計規113）	○	○	○	－
18	重要な後発事象に関する注記（計規114）	○	○	○	－
19	連結配当規制適用会社に関する注記（計規115）	○	○	－	－
20	収益認識に関する注記（計規115の2）[※1]	○	○	○	○
21	その他の注記（計規116）	○	○	○	○

①会計監査人設置会社で有価証券報告書提出会社
②会計監査人設置会社で①以外の会社
③会計監査人設置会社以外の公開会社（会社法2条5号に定義されている，株式に譲渡制限を定めていない会社）
④会計監査人設置会社以外の非公開会社

注記を要しないとされています。また，※2については，連結注記表を作成する株式会社は，個別注記表における記載を要しないとされています。

（7）計算書類の附属明細書の監査

　計算書類の附属明細書は，個別ベースで作成します。内容は以下の3つの明細になりますが，該当する勘定項目がない場合は作成の必要はありません。なお，資産項目，損益項目の数値が貸借対照表・損益計算書の数値と一致することを確かめます。

- 有形固定資産および無形固定資産の明細
- 引当金の明細
- 販売費及び一般管理費の明細

（8）事業報告および事業報告の附属明細書の監査

　事業報告および事業報告の附属明細書は，監査役監査のみが求められています（図表4－11）。事業報告を監査する際のポイントとしては，様式（ひな型）が最新であるかどうか，法令・定款で求められている記載事項が網羅的かつ事実に基づき正確に記載されているか，記載内容が主要または重要なものであるか，記載内容は対象事業年度の事業内容や状況であるか，または事業年度以降に影響するような重要な事項であるかといった点が考えられます。

　なお，大会社の監査役は，上記の内容のうち，特に「内部統制の整備についての基本的な内容」の部分について，内部統制システムに関する取締役会における決定・決議の内容が相当であるかどうかについて判断し，相当でないと認めるときは，その旨および理由を監査報告に記載しなければなりません。

　また，当該内部統制システムに関する事業報告の記載内容が著しく不適切であったり，または取締役の職務の執行についても，重大な善管注意義務があったりする場合にも，これを監査報告に記載すべきかどうかを，特に慎重に検討しなければなりません。

　詳細は，**第8章**において説明します。

事業報告およびその附属明細書において記載が必要となる事項		記載を要する会社
事業報告	会社の状況に関する重要な事項	すべての会社
	内部統制の整備についての基本方針の内容（第８章を参照）	大会社
	株式会社の支配に関する基本方針（定めている場合）	すべての会社
	会社の状況に関する重要な事項　主要な事業内容，主要な営業所，工場，使用人の状況等	公開会社
	会社役員に関する事項　役員の氏名，地位，担当，兼務状況	公開会社
	株式に関する事項　10％以上保有する株主の氏名と株式数	公開会社
	新株予約権等に関する事項　新株予約権の内容，有する人数	公開会社
	会計監査人に関する事項　会計監査人の氏名（名称），監査報酬の額，監査業務報酬以外の報酬の額	会計監査人設置会社
	社外役員の状況　主な活動状況，取締役会への出席の状況および発言の状況，社外取締役の意見により会社の事業方針またはその他の事項が決定されたときはその内容，重要な法令定款違反等がおこった場合のみそれに対する社外取締役の予防・対応，社外役員の重要な兼職である場合のその関係	社外役員である者が存在する公開会社
附属明細書　※記載すべき事項がない場合もその旨を記載して作成する	事業報告の内容を補足する重要な事項	すべての会社
	重要な兼務役員の状況（兼務先の事業が会社の事業と競合する場合にはその旨を付記）	公開会社

（9）決算短信ならびに適時開示情報の監査【上場会社のみ】

　決算短信とは，上場会社に対して，証券取引所が提出を要請している開示書類です。決算短信には連結財務諸表（作成していない場合は個別財務諸表）を添付します。

　また，決算短信は，上場会社においては，決算期末後45日以内に開示されることが適当とされ，30日以内の開示がより望ましいとされています。

　決算短信は会社法に基づく監査役監査の監査意見の対象ではありませんが，決算短信の作成・提出は取締役の職務執行の一環ですので，監査役は決算短信についても監査することが望まれます。決算短信に誤りがあった場合には

訂正を出さなければならず，頻繁に訂正が出されると，ディスクロージャー（開示）体制に不備があると判断されかねません。

また監査役は適時開示の体制について，内部統制の視点からも問題がないかどうか確かめる必要があります。

具体的には以下の視点からチェックする必要があります。

- 開示の適時性（適切なスケジュールで開示されているか）
- 内容の妥当性（開示内容は会社の状況に照らして正しいか）
- 証券取引所の定める様式を使用し，記載要領に沿って記載されているか

（10）有価証券報告書の監査【有価証券報告書提出会社のみ】

有価証券報告書とは，上場会社が財務局へ提出しなければならない書類です。有価証券報告書は連結財務諸表・個別財務諸表が組み込まれていますが，これらは連結財務諸表規則および財務諸表等規則に準拠して作成します。また，有価証券報告書は，上場会社においては，決算期末後3ヵ月以内に提出することとされています。

有価証券報告書は会社法に基づく監査役監査の監査意見の対象ではありませんが，有価証券報告書の作成・提出は取締役の職務執行の一環ですので，監査役は有価証券報告書についても監査することが望まれます。有価証券報告書に誤りがあった場合には訂正報告書を出さなければならず，また，重要な虚偽記載があった場合には，監査役にも善管注意義務違反として責任が問われる可能性もありますので注意してください。

7. 監査報告

（1）監査報告書の作成

監査役は，法務省令で定めるところにより，監査報告書を作成します。監査報告書により監査役の1年間の監査の結果をとりまとめて株主総会で報告します。

監査報告書には監査役の独任制のもと，(a)「各監査役が作成する監査報

告書」，および各監査役が作成する監査報告書をもとに作成する（b）「株主総会に提出される監査報告書」の２種類があります。どの場合にどちらを作成するかは**図表４-11**のとおりです。

図表４-11　作成する監査報告書と作成主体

	監査役会設置会社	監査役会非設置会社
（a）：各監査役が作成する監査報告書	各監査役が作成します。 備置・閲覧の対象となります。	各監査役が作成します。 備置・閲覧の対象となります。
（b）：株主総会に提出される監査報告書	各監査役の作成した（a）の監査報告書を取りまとめ，監査役会が監査報告書を作成し，株主に対し招集通知に添付して送付します。 なお，（a）（b）をまとめて作成することもできます（その場合は監査報告書に各監査役の監査の範囲・方法・内容等を明示することが望ましいとされています）。	各監査役が作成した（a）の監査報告書を株主総会に提出します。 なお，監査役が複数いる場合，（a）の各監査役の監査報告書をとりまとめて１通の監査報告書を作成し，提供することもできます。

(2) 監査報告書の記載内容

監査役および監査役会の監査報告書には，具体的に何を記載し何を報告するのでしょうか。会社の機関設計等により監査の範囲や対象が異なるため，それに応じて監査報告書に記載する事項は異なります。会社計算規則122，123，127，128条と会社法施行規則129条では**図表４-12**のような記載が求められています。

さらに実務に沿って具体的にみていきます。

会計監査人設置会社における監査報告書の記載項目（**図表４-13**）および監査報告書のひな型（**図表４-14**）は以下のとおりです。なお，監査報告書のひな型は，取締役会，監査役会，会計監査人のいずれも設置しており，連結計算書類を作成している事例です。

図表4－12　監査報告書に記載が要求される項目

会計監査人設置会社	会計監査人非設置会社
一．監査役（会）の監査の方法およびその内容 二．会計監査人の監査の方法また結果を相当でないと認めた時はその旨とその理由 三．重要な後発事象 四．会計監査人の職務の遂行が適正に実施されることを確保するための体制に関する事項 五．監査のために必要な調査ができなかったときはその旨と理由 六．監査役（会）監査報告を作成した日	一．監査役（会）の監査の方法およびその内容 二．計算関係書類が会社の財産および損益の状況を全ての重要な点において適正に表示しているかどうかについての意見 三．監査のため必要な調査ができなかったときは，その旨と理由 四．追記情報（正当な理由による会計方針の変更，重要な偶発事象・後発事象） 五．監査役（会）監査報告を作成した日

図表4－13　監査報告書の記載項目（会計監査人設置会社）

1．監査役（及び監査役会）の監査の方法及びその内容
2．監査の結果
　（1）事業報告等の監査結果
　（2）計算書類及びその附属明細書の監査結果
　（3）連結計算書類の監査結果（連結計算書類を作成している場合のみ）
3．監査役の付議事項（監査役に異なる意見がある場合）
4．後発事象（重要な後発事象がある場合）

図表4－14　株主総会に提出される監査報告書（会計監査人設置会社の例）

監査報告書
　当監査役会は，××××年○月○日から××××年○月○日までの第○○期事業年度の取締役の職務の執行に関して，各監査役が作成した監査報告書に基づき，審議の上，本監査報告書を作成し，以下のとおり報告いたします。

1．監査役及び監査役会の監査の方法及びその内容
　（1）監査役会は，監査の方針，職務の分担等を定め，各監査役から監査の実施状況及び結果について報告を受けるほか，取締役等及び会計監査人からその職務の執行状況について報告を受け，必要に応じて説明を求めました。
　（2）各監査役は，監査役会が定めた監査役監査の基準に準拠し，監査の方針，職務の分担等に従い，取締役，内部監査部門その他の使用人等と意思疎通を図り，情報の収集及び監査の環境の整備に努めるとともに，以下の方法で監査を実施しました。
　①取締役会その他重要な会議に出席し，取締役及び使用人等からその職務の執行状況について報告を受け，必要に応じて説明を求め，重要な決裁書類等を閲覧し，本

社及び主要な事業所において業務及び財産の状況を調査いたしました。また，子会社については，子会社の取締役及び監査役等と意志疎通及び情報の交換を図り，必要に応じて子会社から事業の報告を受けました。②事業報告に記載されている取締役の職務の執行が法令及び定款に適合することを確保するための体制その他株式会社の業務の適正を確保するために必要なものとして会社法施行規則第100条第1項及び第3項に定める体制の整備に関する取締役会決議の内容及び当該決議に基づき整備されている体制（内部統制システム）について，取締役及び使用人等からその構築及び運用の状況について定期的に報告を受け，必要に応じて説明を求め，意見を表明いたしました。③事業報告に記載されている会社法施行規則第118条第3号イの基本方針及び同号ロの各取組みについては，取締役会その他における審議の状況等を踏まえ，その内容について検討を加えました。④会計監査人が独立の立場を保持し，かつ，適正な監査を実施しているかを監視及び検証するとともに，会計監査人からその職務の執行状況について報告を受け，必要に応じて説明を求めました。また，会計監査人から「職務の遂行が適正に行われることを確保するための体制」（会社計算規則第131条各号に掲げる事項）を「監査に関する品質管理基準」（平成17年10月28日企業会計審議会）等に従って整備している旨の通知を受け，必要に応じて説明を求めました。

　以上の方法に基づき，当事業年度に係る事業報告及びその附属明細書，計算書類（貸借対照表，損益計算書，株主資本等変動計算書及び個別注記表）及びその附属明細書並びに連結計算書類（連結貸借対照表，連結損益計算書，連結株主資本等変動計算書及び連結注記表）について検討いたしました。

2．監査の結果
（1）事業報告等の監査結果
　　① 事業報告及びその附属明細書は，法令及び定款に従い，会社の状況を正しく示しているものと認めます。
　　② 取締役の職務の執行に関する不正の行為又は法令もしくは定款に違反する重大な事実は認められません。
　　③ 内部統制システムに関する取締役会決議の内容は相当であると認めます。また，当該内部統制システムに関する事業報告の記載内容及び取締役の職務の執行についても，指摘すべき事項は認められません。
　　④ 事業報告に記載されている会社の財務及び事業の方針の決定を支配する者の在り方に関する基本方針については，指摘すべき事項は認められません。事業報告に記載されている会社法施行規則第118条第3号ロの各取組みは，当該基本方針に沿ったものであり，当社の株主共同の利益を損なうものではなく，かつ，当社の会社役員の地位の維持を目的とするものではないと認めます。
　　⑤ 事業報告に記載されている親会社等との取引について，当該取引をするに当たり，当社の利益を害さないように留意した事項及び当該取引が当社の利益を害さないかどうかについての取締役会の判断及びその理由について指摘すべき事項は認められません。
（2）計算書類及びその附属明細書の監査結果
　　会計監査人○○○○の監査の方法及び結果は相当であると認めます。
（3）連結計算書類の監査結果

　　　会計監査人○○○○の監査の方法及び結果は相当であると認めます。

３．監査役○○○○の意見（異なる監査意見がある場合）

４．後発事象（重要な後発事象がある場合）

　　　　　××××年○月○日
　　　　　　○○○○株式会社　監査役会
　　　　　　　常勤監査役　　　　　　　　　○○　○○　印
　　　　　　　常勤監査役（社外監査役）　　○○　○○　印
　　　　　　　社外監査役　　　　　　　　　○○　○○　印
　　　　　　　監査役　　　　　　　　　　　○○　○○　印
　　　　　　　　　　　　　　　　　　　　　（自　　署）

出所：日本監査役協会「監査報告のひな型について」

　なお，会計監査人の監査報告書において，任意でKAM（監査上の主要な検討事項，詳細は**第5章**参照）が記載されることがあります。その場合は，監査役の監査報告書においても，KAMについて記載することが考えられます。

　次に，会計監査人非設置会社における監査報告書の記載項目（**図表4−15**）および監査報告書のひな型（**図表4−16**）をみていきます。なお，監査報告書は取締役会設置，監査役会非設置会社の事例です。

　このように，監査報告の記載内容は，会計監査人の設置の有無によって要求される事項が異なることがわかります。

　また，実際に実施した監査手続，監査報告を一通にまとめるか否か，組織における部署名の違い，親会社・子会社の有無，個別注記表・連結注記表の作成の有無等によって監査報告書で使用する文言や記載内容が少しずつ異なりますので，各社の実態に応じた記載を行うこととなります。

図表4−15　監査報告書の記載項目（会計監査人非設置会社）

１．監査役（及び監査役会）の監査の方法及びその内容
２．監査の結果
　（1）事業報告等の監査結果（会計監査権限のみの場合は不要）
　（2）計算書類及びその附属明細書の監査結果
　計算関係書類が会社の財産および損益の状況を全ての重要な点において適正に表示しているかどうかについての意見
３．追記情報（記載すべき事項がある場合。正当な理由による会計方針の変更，重要な偶発事象・後発事象）

※連結計算書類を作成する会社は会計監査人の選任が必要です。

図表 4－16　株主総会に提出される監査報告書（会計監査人非設置会社の例）

監査報告書

　私たち監査役は、××××年○月○日から××××年○月○日までの第○○期事業年度の取締役の職務の執行を監査いたしました。その方法及び結果につき以下のとおり報告いたします。

1．監査の方法及びその内容

　　　各監査役は、取締役及び使用人等と意思疎通を図り、情報の収集及び監査の環境の整備に努めるとともに、取締役会その他重要な会議に出席し、取締役及び使用人等からその職務の執行状況について報告を受け、必要に応じて説明を求め、重要な決裁書類等を閲覧し、本社及び主要な事業所において業務及び財産の状況を調査いたしました。子会社については、子会社の取締役及び監査役等と意思疎通及び情報の交換を図り、必要に応じて子会社から事業の報告を受けました。以上の方法に基づき、当該事業年度に係る事業報告及びその附属明細書について検討いたしました。

　　　さらに、会計帳簿又はこれに関する資料の調査を行い、当該事業年度に係る計算書類（貸借対照表、損益計算書、株主資本等変動計算書及び個別注記表）及びその附属明細書について検討いたしました。

2．監査の結果
　（1）事業報告等の監査結果
　　　　①　事業報告及びその附属明細書は、法令及び定款に従い、会社の状況を正しく示しているものと認めます。
　　　　②　取締役の職務の執行に関する不正の行為又は法令もしくは定款に違反する重大な事実は認められません。
　（2）計算書類及びその附属明細書の監査結果
　　　　計算書類及びその附属明細書は、会社の財産及び損益の状況をすべての重要な点において適正に表示しているものと認めます。
3．追記情報（記載すべき事項がある場合）

　　　　　　　××××年○月○日
　　　　　　　○○○○株式会社
　　　　　　　　　　常勤監査役　　　　　○○　○○　印
　　　　　　　　　　監査役　　　　　　　○○　○○　印
　　　　　　　　　　　　　　　　　　　　　　（自　　署）

出所：日本監査役協会「監査報告のひな型について」

(3) 監査報告書の提出先

監査役の監査報告書自体に宛先の記載はないため，別途，「監査報告書の送付について」という形で送り状を作成し，これに監査報告書を添付することが一般的です。送付状の宛て先は，それぞれの会社の事情に応じて対応することになります。

(a) の各監査役が作成する監査報告書については，監査役会非設置会社であり常勤監査役がいれば常勤監査役（その場合の常勤監査役の作成する監査報告書は代表取締役）へ，監査役会設置会社においては監査役会へ提出されるのが一般的です。

また (b) の株主総会に提出される監査報告書は，特定取締役（選任されていなければ，株主に対して監査報告書を提出する義務を負っている代表取締役）へ提出するのが一般的です。

さらに (a) の各監査役の監査報告書と一緒に (b) の株主総会に提出される監査報告書を作成する場合の監査報告書についても，特定取締役（選任されていなければ，株主に対して監査報告書を提出する義務を負っている代表取締役）へ提出するのが一般的です。

なお，監査役会の監査報告書の正本を何通作成するかは明確に定められていませんが，取締役会提出用，会計監査人提出用，監査役会控え用，各監査役の控え用，備置書類用など，必要に応じて複数準備することになります。

監査役会の正式な監査報告書の提出時に，1年間の監査役監査に基づく講評を行うことも考えられます。監査役という立場で監査を行った所感含め，気づき事項などを取締役や役職者と共有することで，次年度の監査役監査がより円滑かつ効果的に実施できる環境の整備に役立つことが期待できます。

8. 株主総会対応

監査役は株主からの質問・説明を求められた場合には，必要な回答をしなければなりませんので（会314条），常勤監査役だけでなく非常勤監査役も株主総会に出席する義務があります。

ただし，監査役にとって株主総会対応の仕事は株主総会当日だけではありません。株主総会前，ならびに株主総会終了後も，種々の業務を行わなければなりません。

　ここからは監査意見表明後の監査役の業務をみていきます。

（1）株主総会前の監査役の業務

　監査報告終了後，監査役が株主総会前に実施しなければならないことは，大きく３つあります。株主総会招集通知と議案の監査，株主総会開催前の備置書類の監査，株主総会の想定問答集の準備です。ではそれぞれ内容をみていきます。

①　株主総会招集通知と議案の監査

　株主総会の招集通知は，基準日（株主総会の開催予定日の２週間前までに定められた一定の日）において，株主名簿に記載されている議決権をもつすべての株主に発送します（非公開会社は１週間前まで）。

　招集通知には，株主総会の日時，場所，目的を記載します。

　また招集通知には株主総会の議案（報告事項・決議事項）が記載されますが，監査役はこれらの議案についての監査をします（**図表4−17**）。

　ここで留意すべき点は，株主総会で決議もしくは報告すべき事項が議案・議題になっておらず法令・定款に違反していないか，議案の内容自体が法令

図表4−17　株主総会の議案となる事項

報告事項	決議事項
・事業報告 ・計算書類（会計監査人の「無限定適正意見」があり，監査役の監査報告に「会計監査人の監査の方法・結果が相当でない」と認める意見がない場合）	・計算書類（計算書類が報告事項とならない場合） ・剰余金の処分 ・定款変更 ・取締役の選任・解任 ・監査役の選任・解任 ・会計監査人の選任・解任 ・取締役・監査役の報酬（定款で定められている場合以外）

違反となっていないか，議案が取締役の善管注意義務に違反していないかといった点となります。

　議題：会議にかけて討議する問題

　議案：会議で審議・決定するための原案，または議事の対象となる案件

②　株主総会開催前の備置書類の監査

　株主は会社に一定の書類の閲覧を求めることができます。そのため株主総会の２週間前（取締役会設置会社以外は１週間前）に，以下の書類を本店に原本を５年，支店に写しを３年，備置します（会442条）。

- 事業報告と事業報告の附属明細書
- 計算書類と計算書類の附属明細書
- 会計監査人の監査報告書
- 各監査役の監査報告書
- 監査役会の監査報告書

　上記の書類のほかにも，定款（会31条）・株主名簿（会125条），取締役会議事録（会369条３項，会371条，施規101条）・監査役会議事録（会393条２項，会394条，施規109条），会計帳簿，その他法律上，本店における備置が求められている書類もあります。

　これらの**備置書類**が適正に備置されているかどうかを確認するとともに，株主により閲覧が認められている書類については，閲覧請求に適切に対応するための手続を明確にし，本店・支店の書類の管理担当者とも打ち合わせておきましょう。

　また，株主による閲覧が認められている書類は，会442条で定められている書類のほか，定款，株主総会議事録です。取締役会議事録，監査役会議事録についてはその機密性より裁判所の許可が必要とされている場合もあります。

③ 株主総会の想定問答集の準備

株主総会において株主より監査役に対して質問がされた場合，監査役は必要な説明をしなければなりません（会314条）。株主から質問されてからあたふたするわけにはいきませんので，事前に質問を予想し，回答を準備しておく必要があります。つまり，**株主総会の想定問答集を作成しておくわけ**ですが，具体的には過去の想定問答集，この1年で社会や業界，他社で問題となりマスコミ等で大きく取り上げられた事項，法令の適用や改正とそれにともなう対応，などを考慮して準備することになります。回答が難しい質問に適切な回答をするためには，必要に応じて，顧問弁護士，顧問税理士など，専門家に相談することも考えられるでしょう。

なお，一般に監査役への質問として以下のような内容が考えられます。

- 監査役監査の方法についての質問
- 監査役監査の結果についての質問
- 取締役会の出席についての質問
- 社外監査役についての質問
- 監査役会の運営についての質問
- 監査役同士の意見調整についての質問
- 会計監査人との意見調整についての質問

(2) 株主総会当日の監査役の業務

株主総会当日，監査役は株主総会が法令や定款に従って運営されていることを確かめなければなりません。議決にあたっての定足数（決議を行ううえで必要となる最小限の出席者数），決議方法（普通決議・特別決議），そして議事の運営について，法令に違反していないかどうかの確認です。

そのほか監査役は株主に対して監査役監査の結果を口頭にて報告しますが，さらに以下についても該当する場合には口頭報告または意見陳述を行います（**図表4-18**）。

図表4−18　監査役の口頭報告または意見陳述

口頭報告または意見陳述を行う場合	報告・陳述の内容
取締役が株主に提出した議案・書類などに法令・定款違反がある場合や著しく不当な事項があると認める場合（会384条）	調査の結果
監査役の選任もしくは解任（会345条）	意見がある場合その意見
監査役の報酬等（会387条3項）	意見がある場合その意見
法定の事由により会計監査人を解任した時（会340条3項）	その旨及び解任の理由

また，前述のように，監査役には株主の質問に対する説明義務があります。したがって株主より質問があり，議長より指示があった場合にはこれに答えなければなりません。ただし，監査役に対する質問への説明義務は監査役の監査報告書に関する部分に限られるべきであり，以下の場合には説明を断わることができます（会314条但書，施規71条）。

- 質問が会議の目的にそぐわないものである場合
- 説明することにより，株主の共同の利益を著しく害する場合
- 説明するために調査が必要な場合（株主が株主総会の日より相当の期間前に会社に通知した場合や，必要な調査が著しく容易である場合を除く）
- 説明することにより会社その他の者の権利を侵害する場合
- 株主が当該株主総会において実質的に同一の事項について繰り返し質問を求める場合
- その他説明しないことについて正当な理由がある場合

(3) 株主総会終了後の監査役の業務

株主総会終了後，株主総会議事録が作成されますが（会318条1項），監査役は株主総会議事録が適切に作成されていることを確かめます。その後，株主総会議事録は，本店に10年（会318条2項），その写しを支店に5年（会318条3項）備置します。

また，決算公告が適切になされていることを確認します。

（4）監査計画の見直しと新任監査役の引き継ぎ

　前述のとおり，監査計画は監査役の就任期間に合わせて定時総会終了後を起点に作成する場合，会計監査の対象となる会社の事業年度をベースに作成する場合がありますが，特に会計監査の対象となる会社の事業年度をベースに作成する場合には決算期末日から定時株主総会までの間に実施された監査の結果，新たに認識されたリスク等を検討し，監査計画を見直します。

　また，監査役が退任し，新任監査役が選任される場合には，しっかり時間をかけて引き継ぎを行います。

第5章

公認会計士による監査

本章では，公認会計士による監査の種類，目的と役割，そして，監査役の皆さんに知っておいていただきたい公認会計士による監査のアプローチと実際の流れ，公認会計士監査における主要な監査手続とその重要ポイントを説明していきます。以下のように，監査役が公認会計士による監査を知ることは，非常に重要であり，必要な事項であると考えられます。

- 会計監査人設置会社
  - ・監査役が会計監査の「相当性」の判断をするため
  - ・監査役が会計監査人の報酬に同意をするため
- 会計監査人非設置会社
  - ・会計監査の専門家である公認会計士の監査について理解することで，自らの監査役の会計監査業務の参考にするため

1. 公認会計士による監査の種類，目的と役割

会計監査人たる公認会計士の監査とは，何を指しているのでしょうか。まず，ここでは公認会計士による監査（広義）と会計監査人（たる公認会計士）の監査（狭義）について説明します。

(1) 公認会計士による監査の種類

会社で公認会計士が実施している業務のすべてが「会計監査人の監査」であるかというと，実はそうではありません。公認会計士による監査は要求する法律および実施内容により，**図表5-1**のように分類されます。

まず，公認会計士による監査は要求される法律により会社法監査と金融商品取引法監査（およびレビュー）に分類されます。また，実施している内容による監査の種類としては，財務諸表監査，内部統制監査および四半期レビューの3つに分類されます。

会社法および金融商品取引法において財務諸表監査および四半期レビューの対象となる財務諸表の種類は**図表5-2**，**図表5-3**のとおりです。計算書類および連結計算書類は株主総会の招集通知に，財務諸表および連結財務

図表5−1　要求する法律と監査の種類

	法律	監査の種類	備考
公認会計士による監査（広義）	会社法	財務諸表監査	会計監査人の監査
	金融商品取引法	内部統制監査	上場会社の監査人として実施する監査および四半期レビュー
		四半期レビュー	

図表5−2　個別財務諸表監査等の対象となる財務諸表の種類

	（個別）財務諸表監査		四半期レビュー
	会社法	金融商品取引法	
個別	計算書類等	財務諸表	四半期財務諸表※1
	貸借対照表	貸借対照表	四半期貸借対照表
	損益計算書	損益計算書	四半期損益計算書
	株主資本等変動計算書	株主資本等変動計算書	四半期株主資本等変動計算書
		キャッシュ・フロー計算書※2	四半期キャッシュ・フロー計算書
	個別注記表	注記	注記
	附属明細書	附属明細表	

※1　四半期財務諸表は四半期連結財務諸表を作成していない場合にかぎり，作成が要請されます。なお，四半期キャッシュ・フロー計算書は通常は第2四半期のみ作成されます。
※2　個別のキャッシュ・フロー計算書は連結財務諸表を作成していない場合に作成します。

図表5−3　連結財務諸表監査等の対象となる財務諸表の種類

	（連結）財務諸表監査		四半期レビュー
	会社法	金融商品取引法	
連結	連結計算書類	連結財務諸表	四半期連結財務諸表
	連結貸借対照表	連結貸借対照表	四半期連結貸借対照表
	連結損益計算書	連結損益計算書	四半期連結損益計算書
		連結包括利益計算書	四半期連結包括利益計算書
	連結株主資本等変動計算書	連結株主資本等変動計算書	
		連結キャッシュ・フロー計算書	四半期連結キャッシュ・フロー計算書　※
	連結注記表	注記	注記
		連結附属明細表	

※　四半期連結キャッシュ・フロー計算書は通常は第2四半期のみ作成されます。

諸表は有価証券報告書に含まれます。なお，2023年11月に四半期開示制度の廃止を含む金融商品取引等の一部を改正する法律（以下，改正金商法）が成立し，四半期開示制度の見直しが行われたことにより，第1・第3四半期の開示について，金融商品取引法上の開示義務がなくなり（四半期報告書の廃止），取引所の規則に基づく四半期決算短信に一本化されます。これにともない，第1・第3四半期のレビューは任意となる一方で，第2四半期では改正金商法で定められた半期報告書の提出が求められ，公認会計士によるレビューが必要となります。詳細は，**巻末Q&A 8**を参照してください。この章では，改正前を前提としております。

　以上より，監査役の皆さんにとって一番重要な「相当性の判断」の対象となる「会計監査人の監査」は，公認会計士による監査（広義）のうちの一部分であり，会社法により要求される財務諸表監査ということになります。

(2) 財務諸表監査の目的

① 監査基準における財務諸表監査の目的

　企業会計審議会による「監査基準」では，公認会計士による財務諸表監査の目的を以下のように記載しています。

> 財務諸表の監査の目的は，経営者の作成した財務諸表が，一般に公正妥当と認められる企業会計の基準に準拠して，企業の財政状態，経営成績及びキャッシュ・フローの状況をすべての重要な点において適正に表示しているかどうかについて，監査人が自ら入手した監査証拠に基づいて判断した結果を意見として表明することにある。

　この財務諸表監査の目的で記載されている内容のうち，ポイントは以下の2つです。

ポイント　　財務諸表監査の目的
- 対象は「財務諸表」（会社法では計算書類等，連結計算書類）
- 「すべての重要な点」において適正に表示しているかどうか

　財務諸表監査において対象とされるのは，経営者の作成した財務諸表であり，それらが会社の財政状態，経営成績およびキャッシュ・フローの状況を適正に表示しているかがポイントとなります。すなわち，業務の効率性や不正の有無，法令違反の有無などが監査の直接の対象となるわけではないことに留意が必要です。なお，ここでいう財務諸表とは，会社法では計算書類およびその附属明細書，連結計算書類を指しています。

　また，財務諸表監査において，監査意見を表明するうえでの判断基準としては，「すべての重要な点」において，適正に表示されているかどうかということになります。すなわち，財務諸表監査において適正意見が表明されていたとしても，意図的な不正(横領，隠ぺい，粉飾)や誤謬(意図的でないミス)がまったく存在しないことを保証するものではない点に留意する必要があります。

②　内部統制監査の目的，財務諸表監査との関係

　内部統制監査とは，上場会社に対して金融商品取引法により要求される監査であり，経営者による財務報告に係る内部統制の有効性の評価結果に対して，財務諸表監査の監査人が実施する監査のことをいいます。内部統制報告制度の概要については，**第8章の「2．金融商品取引法による内部統制報告制度と監査役監査の関係」**を参照してください。

　企業会計審議会による「財務報告に係る内部統制の評価及び監査の基準」では，**内部統制監査の目的**は以下のように表現されています。

内部統制監査の目的は，経営者の作成した内部統制報告書が，一般に公正妥当と認められる内部統制の評価の基準に準拠して，内部統制の有効性の評価結果をすべての重要な点において適正に表示しているかどうかについて，監査人自らが入手した監査証拠に基づいて判断した結果を意見として表明することにある。

　このように，内部統制監査は上場会社における「内部統制報告書」の適正表示に対する監査である点が財務諸表監査と大きく異なるポイントです。

　ただし，内部統制監査は，原則として同一の監査人により，財務諸表監査と一体となって行われるものであるとされています。そのため，内部統制監

査の過程で得られた監査証拠は，財務諸表監査の内部統制の評価における監査証拠として利用され，また，財務諸表監査の過程で得られた監査証拠も内部統制監査の監査証拠として利用されることがあります。なお，**監査証拠**とは，監査人が監査意見を述べるにあたり「合理的な基礎」を得るために入手する情報をいいます。監査証拠には「会計記録に含まれる情報」と「その他の情報」があります。

◖ポイント◗ 　　内部統制監査の目的，財務諸表監査との関係

- 対象は上場会社の作成する「内部統制報告書」
- 原則として同一の監査人により財務諸表監査と一体となって実施

③　四半期レビューの目的，財務諸表監査との相違

　四半期レビューとは，上場会社が金融商品取引法の規定により提出する四半期報告書に含まれる四半期連結財務諸表（または四半期財務諸表）に対して公認会計士が実施する保証業務のことをいいます。

　企業会計審議会による「四半期レビュー基準」では，四半期レビューの目的は以下のように表現されています。

> 四半期レビューの目的は，経営者の作成した四半期財務諸表について，一般に公正妥当と認められる四半期財務諸表の作成基準に準拠して，企業の財政状態，経営成績及びキャッシュ・フローの状況を適正に表示していないと信じさせる事項がすべての重要な点において認められなかったかどうかに関し，監査人が自ら入手した証拠に基づいて判断した結果を結論として表明することにある。

　年度の財務諸表監査と四半期レビューとの相違点を考えてみましょう。

　まず，四半期レビューにおいては，年度の財務諸表（または連結財務諸表）ではなく四半期財務諸表（または四半期連結財務諸表）に対しての手続である点が財務諸表監査とは異なります。

　さらに，監査が「すべての重要な点において適正に表示しているかどうか」についての意見を表明するのに対し，四半期レビューでは，「適正に<u>表示していない</u>と信じさせる事項がすべての重要な点において<u>認められなかったか</u>」につ

いての意見を表明する点が重要な相違といえます。なお，このような「否定の否定」の形式による結論表明の仕方を消極的形式による結論の表明といいます。

　これは，四半期レビューで実施する手続が，質問および分析的手続等を基本とし，監査基準に準拠して実施される年度の財務諸表の監査に比べて限定的な手続からなるためです。

ポイント　四半期レビューの目的，財務諸表監査との相違

- 対象は「四半期財務諸表（または四半期連結財務諸表）」
- 消極的形式による結論の表明
- 質問および分析的手続等を基本とし，監査に比べて限定的な手続

(3) 公認会計士による監査の役割

　監査役にとって公認会計士による監査はどのような役割を果たしているのでしょうか。取締役会，監査役の役割や責任との対比をしながら考えてみましょう（図表5-4）。

図表5-4　公認会計士監査と取締役会，監査役の役割と責任

	会社	公認会計士（会計監査人）
役割	取締役会：会社の業務執行にかかわる意思決定をするとともに取締役の職務の執行を監督する機関	経営者が作成した財務諸表を監査する役割
	監査役：取締役会と協働して会社の監督機能の一翼を担い，取締役の職務の執行を監査する機関	
責任	取締役会：財務諸表等を作成する責任	全体としての財務諸表に不正または誤謬による重要な虚偽表示がないかどうかについて合理的な保証を得て，財務諸表に対する意見を表明する責任
	監査役：財務報告プロセスの整備および運用における取締役会の執行を監視する責任	

　このように，公認会計士は財務諸表を監査し，監査意見を表明する役割・責任を負っています。しかしながら，財務諸表の作成責任はあくまでも会社（経営者）にあり，公認会計士による監査は，経営者または監査役の責任を

代替するものではない点に留意することが必要です。これを二重責任の原則
といいます。

> **ポイント** 　　**公認会計士による監査の役割の留意点**
> ● 監査を受けても，あくまで財務諸表の作成責任は会社にある

2. 公認会計士による監査アプローチ

　財務諸表が，すべての重要な点において適正に表示しているかどうかの意
見を表明するために，公認会計士はどのような手続を実施しているのでしょ
うか。ここでは，公認会計士による監査の基本であるリスク・アプローチの
考え方について説明します。

　公認会計士による監査は，リスクに応じた監査手続を実施する，いわゆる
「リスク・アプローチ」により実施されます。

　企業会計審議会による「監査基準」において，リスク・アプローチに関し
て以下のように記載されています。

> 監査人は，監査リスクを合理的に低い水準に抑えるために，財務諸表における
> 重要な虚偽表示のリスクを評価し，発見リスクの水準を決定するとともに，監
> 査上の重要性を勘案して監査計画を策定し，これに基づき監査を実施しなけれ
> ばならない。(監査基準第三　一　基本原則1)

　ここにいう，「監査リスク」，「重要な虚偽表示のリスク」，「発見リスク」
とは何のことを指しているのでしょうか，また，それぞれの関係はどのよう
になっているのでしょうか。それぞれのリスクの意味は**図表5－5**のように
なります。これらのリスクの関係を説明していきます。

　まず，取引・勘定科目の固有の特質により，内部統制がない場合において
ミスや粉飾によって決算数値があるべき数値と相違してしまうリスクが存在
します（固有リスク）。次に，そこに内部統制が存在しても防止・発見・是
正されないまま数値誤りが残ってしまうリスクがあります（統制リスク）。

図表5-5　監査におけるリスクの意義

リスク	意味・定義
監査リスク	監査人が，財務諸表の重要な虚偽表示を看過して誤った監査意見を形成する可能性のことをいいます。なお，監査リスクは，重要な虚偽表示のリスクと発見リスクの2つから構成されています。
重要な虚偽表示のリスク	監査が実施されていない状態で，財務諸表に重要な虚偽表示が存在するリスクをいいます。このうち財務諸表項目レベルの重要な虚偽表示のリスクについては，固有リスクと統制リスクに分けて評価します。「虚偽表示」とは監査において使われる専門用語ですが，ミスや粉飾によって決算数値があるべき数値と相違していることを意味しています。
①固有リスク	関連する内部統制が存在していないとの仮定のうえで，取引種類，勘定残高，開示等に係るアサーションに，個別にまたは他の虚偽表示と集計すると重要となる虚偽表示が行われる可能性のことをいいます。
②統制リスク	取引種類，勘定残高または開示等に係るアサーションで発生し，個別にまたは他の虚偽表示と集計すると重要となる虚偽表示が，企業の内部統制によって防止または適時に発見・是正されないリスクをいいます。
発見リスク	発見リスクとは，虚偽表示が存在し，その虚偽表示が個別にまたは他の虚偽表示と集計して重要になり得る場合に，監査リスクを許容可能な低い水準に抑えるために監査人が監査手続を実施してもなお発見できないリスクをいいます。
特別な検討を必要とするリスク	虚偽の表示が生じる可能性と当該虚偽の表示が生じた場合の金額的および質的影響の双方を考慮して，固有リスクが最も高い領域に存在すると評価した場合，これを特別な検討を必要とするリスクといいます。監査人は主に以下の事項を考慮して，当該リスクを決定します。 (1) 不正リスクであるかどうか (2) 最近の重要な経済，会計などの動向との関連 (3) 取引の複雑性 (4) 関連当事者との重要な取引 (5) 測定における主観的な判断の程度（特に広範囲にわたって測定に不確実性がある場合） (6) 企業の通常の取引過程から外れた取引または通例でない取引のうち，重要な取引に係るもの

　これらの2つを結合させたものが，監査前の数値誤りリスクである「重要な虚偽表示のリスク」です。

　それに対して，監査を実施しても数値の誤り（＝虚偽表示）を発見できないリスクを発見リスクといい，公認会計士は監査リスクを適切な水準に抑えるために，監査手続の精度・種類・量を変えて発見リスクを調整します。

　以上が，リスク・アプローチの考え方です。リスク・アプローチをわかりやすく表現すると図表5-6のようになります。上記説明とあわせてみても

図表 5 - 6　監査リスクと 3 つの構成要素

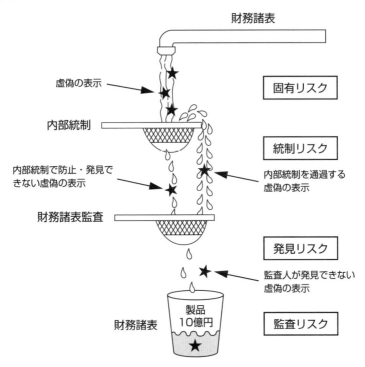

出所：AICPA, *Auditing Procedures Study, in "Audits of Small Business,"* AICPA, New York, 1985,
　　　p.44.（伊豫田隆俊・松本祥尚・林隆敏『ベーシック監査論（九訂版）』同文舘出版，2022年，
　　　179頁を一部修正）に基づいて作成。

らうことで理解が深まるでしょう。

ポイント　リスク・アプローチ

- 虚偽表示＝ミスや粉飾による決算数値の誤り
- 重要な虚偽表示のリスク（固有リスク×統制リスク）
- リスク・アプローチ＝重要な虚偽表示のリスクに対して，リスクを低減すべく（監査リスクを適切な水準に抑えるため），監査手続の精度・種類・量を変えて発見リスクを調整して監査手続を決定するアプローチをいう。

3. 公認会計士による監査の流れ（ステップ）

　リスク・アプローチを実践するために，公認会計士による監査ではどのような手順で実施しているのでしょうか。ここでは，実際の監査の流れ（ステップ）を紹介していきます。

　通常，公認会計士による監査は，**図表5－7**の3ステップにより実施されます。

図表5－7　公認会計士による監査のステップ

ステップ	手続	
①監査の計画・戦略	ⅰ）監査に適用する重要性の基準値の決定	
	ⅱ）リスク評価手続	企業レベルの内部統制（全社的な内部統制）の評価と全般的な監査計画の策定
		具体的な監査戦略の策定
②監査の実施	リスク対応手続（運用評価手続と実証手続）の実施	
③監査の総括	監査の総括及び監査報告	

（1）監査の計画・戦略のステップ

　まず，計画・戦略のステップにおいては，監査に適用する重要性基準値の決定とリスク評価手続をあわせて実施します。

①監査に適用する重要性の基準値の決定

　重要性の基準値の決定は，職業的専門家としての判断事項であるとされています。

　通常，重要性の基準値を決定する際には，最初に指標を選択し，その指標に対して特定の割合を適用することにより算定します。企業の状況に応じた適切な指標の例示としては，公表財務諸表で表示されている税引前利益，売

上高，売上総利益および費用合計などの損益項目，株主資本合計または純資産などがあります。

> **ポイント**　**重要性の基準値の決定**
> ● 職業的専門家としての判断事項

②リスク評価手続

　リスク評価手続とは，内部統制を含む，企業および企業環境を理解し，財務諸表全体レベルおよびアサーション・レベルの重要な虚偽表示リスクを識別し評価するために実施する監査手続です。リスク評価手続は，「企業レベルの内部統制の評価と全般的な監査計画の策定」と「具体的な監査戦略の策定」で構成され，**図表5−8**のような手続を実施することになります。

　図表5−8におけるアサーションとは，監査でよく使われる専門用語ですが，これは，勘定科目やプロセスを監査するうえでの観点・切り口・要点のようなものです。

　たとえば，売掛金勘定であれば，架空計上の有無が重要な監査の切り口なので，売掛金の「実在性」というアサーションが識別されます。また，買掛金では計上漏れの有無が重要な監査の切り口であるため，買掛金の「網羅性」

図表5−8　リスク評価手続の内容

リスク評価手続		
企業レベルの内部統制（全社的な内部統制）の評価と全般的な監査計画の策定	会社の企業環境を総括的に理解（経営者等とのディスカッションや各種情報源からの情報収集による）	→監査上の対応を検討
	企業レベルの内部統制（全社的な内部統制）の評価および不正リスクの識別	
	プロセス，勘定科目および開示等の各々について関連するアサーションを把握	
具体的な監査戦略の策定	アサーションごとに虚偽表示リスク（固有リスク×統制リスク）を識別し評価	
	内部統制の整備状況を評価（ウォークスルーの実施）	
	運用評価手続および実証手続の種類・実施時期・実施範囲を決定	

というアサーションが識別されるのが一般的です。

　また，**図表5－8**における主な監査手続として，経営者等とのディスカッションおよびウォークスルーについて理解しておく必要があります。

　経営者等とのディスカッションとは，社長や経理担当取締役等と会社の経営環境や会社ビジネスの理解，重要な会社の方針，さらに内部統制や不正についての情報交換をすることです。経営者等とのディスカッションは会社の状況に応じた監査手続の設計をする基礎となります。通常は監査計画段階で年に1回はディスカッションを実施するのが一般的です。

　ウォークスルーは，公認会計士監査における主要な手続の1つです。これは，内部統制の整備状況の評価のために実施されますが，具体的には，内部統制の業務プロセスごとに，取引の開始から財務諸表に計上されるまでの流れを追跡します。これにより，監査人の理解どおりに取引フローに対して統制が実際に適用されていることを確認し，内部統制の運用評価手続（統制テスト）のテスト対象を選択することが可能になります。

　また，内部統制にITシステムを利用している場合，ITシステムが意図したとおりに適切に運用されることを担保することが必要となりますが，そのための管理活動を**IT全般統制**といいます。IT全般統制を識別し，ウォークスルーを実施することでIT全般統制の整備状況の評価を実施します。

　以上のように，リスク評価手続では，企業環境理解のために経営者等とのディスカッションを実施したり，アサーションを把握したり，ウォークスルーを実施したりすることを紹介しました。これらはすべて内部統制の運用評価手続および実証手続の種類・実施時期・実施範囲を決定するための手続であることを理解しておくことが重要なポイントになります。

ポイント　リスク評価手続

- アサーション＝観点・切り口・要点
- 経営者等とのディスカッション→会社の経営環境・ビジネスの理解
- ウォークスルー　→　内部統制の実際の適用を確認
- 運用評価手続および実証手続の種類・実施時期・実施範囲を決定
- 監査役は，会計監査人のリスク評価にズレや不足がないかに留意

（2）監査の実施のステップ

　監査の実施のステップにおいては，公認会計士は「リスク対応手続」を実施します。

　リスク対応手続とは，監査リスクを許容可能な低い水準に抑えるために，識別して評価したアサーション・レベルの重要な虚偽表示のリスクに対応して，立案し実施する監査手続です。このリスク対応手続は「運用評価手続」と「実証手続」の2つから構成されます（**図表5－9**）。さらに，経営者が内部統制を無効化するリスクについてはすべての企業で存在する不正リスクであることから，公認会計士は「内部統制無効化リスク対応手続」を実施します。

図表5－9　リスク対応手続の内容

リスク対応手続	
運用評価手続	アサーション・レベルの重要な虚偽表示を防止または発見・是正する内部統制について，その運用状況の有効性を評価するために立案し実施する監査手続 →主に，期中監査において，関連部門における質問とその他の手続（記録や文書の閲覧，観察，再実施等）を組み合わせて統制テストを実施（25件テストが一般的）
実証手続	アサーション・レベルの重要な虚偽表示を看過しないよう立案し実施する監査手続 →①　詳細テスト 　②　分析的実証手続

①運用評価手続

　運用評価手続とは，内部統制（IT全般統制を含む）が会計期間をとおして有効に運用されていることを確かめるために実施するための手続であり，**統制テスト**ともいいます。また，運用評価手続は，通常，期末ではなく，期中において実施されます。

　これにより，統制リスクが想定どおりの低い水準であることを確かめることができます。

　なお，運用評価手続では，通常，取引の母集団からサンプルを抽出してテ

ストを実施します。サンプルテストの件数は監査法人のマニュアル等により，それぞれ決まっていますが，25件テストを実施することが一般的です。サンプル数の例については，監査・保証実務委員会報告第82号「財務報告に係る内部統制の監査に関する実務上の取扱い」の付録2　統計的サンプル数の例示が参考になります。

ポイント　運用評価手続

- 主に期中に実施
- 通常25件の統制テスト
- 統制リスクが想定どおりの低い水準であることを確かめるために実施
- 監査役は，会計監査人の統制テストにおけるエラーの有無に留意

②実証手続

　実証手続は，アサーション・レベルの重要な虚偽表示を看過しないよう立案し実施する監査手続をいい，以下の2つの手続で構成されます。

- 詳細テスト（勘定残高，開示等に対して実施）
- 分析的実証手続

　詳細テストとは，実証手続のうち，分析的実証手続以外の手続をいいます。詳細テストには，たとえば，公認会計士の代表的なテスト手法である「実査」，「立会」，「確認」や「計算の再実施」などが含まれます。すなわち，一般に監査というとイメージされる手続が詳細テストのことだと理解してもよいかもしれません。

　分析的実証手続とは，実証手続として公認会計士が実施する分析的手続のことをいいます。分析的手続とは，財務データ相互間または財務データと非財務データとの間に存在すると推定される関係を分析・検討することによって，財務情報を評価することをいいます。分析的手続には，他の関連情報と矛盾する，または監査人の推定値と大きく乖離する変動についての調査も含まれます。

　たとえば，分析的実証手続の例としては，主に減価償却費や支払利息の

オーバーオールテスト[※]があります。

オーバーオールテスト[※]があります。

> **ポイント**　実証手続
> - 詳細テスト（実査，立会，確認，計算の再実施）
> - 分析的実証手続（減価償却費や支払利息のオーバーオールテストなど）

③経営者による内部統制無効化リスク対応手続

１．経営者による内部統制を無効化するリスク

　経営者は，有効に運用されている内部統制を無効化することによって，会計記録を改竄し不正な財務諸表を作成することができる特別な立場にあります。経営者による内部統制を無効化するリスクの程度は企業によって異なるが，すべての企業に存在するものとされています。

　内部統制の無効化は予期せぬ手段により行われるため，不正による重要な虚偽表示リスクであり，それゆえ特別な検討を必要とするリスクであるとされています。

２．内部統制無効化リスク対応手続

　内部統制無効化リスクに対して，公認会計士は以下の監査手続を立案し実施します。

ⅰ）仕訳テスト

　仕訳テストにおいては，総勘定元帳に記録された仕訳入力や総勘定元帳から財務諸表を作成する過程における修正についての適切性を検証するために，財務報告プロセス担当者に対する質問や期末時点の仕訳の抽出などの手続を立案し実施します。適切な仕訳テストの立案と実施においては評価したリスクの程度に応じた不正シナリオを想定し，職業的懐疑心をもって異常性を見極める力量（経験）を備えることが必要とされています。

※　オーバーオールテストとは，帳簿残高と平均率を使用して推定値を計算し，実績値と比較する分析的手続をいいます。たとえば，減価償却費の場合，固定資産の平均残高と平均償却率を使用して，減価償却費の推定値を算定し，計上額と比較することで，減価償却費計上額の妥当性を確かめます。

ⅱ）会計上の見積りにおける経営者の偏向の検討

　公認会計士は，経営者の偏向が会計上の見積りに存在するかどうかを検討し，偏向の発生している状況があれば，不正による重要な虚偽表示リスクを示すかどうか評価するために以下の手続を実施することが求められます。

- 会計上の見積りにおける経営者の判断・決定が，個々には合理的であるとしても，不正による重要な虚偽表示リスクとなるような経営者の偏向が存在する可能性を示唆するものかどうかを評価（示唆している場合には，会計上の見積りを全体として再評価）
- 経営者の偏向を評価するため，過年度の財務諸表に反映された重要な会計上の見積りに関連する経営者の仮定および判断に対して，遡及的に検討

ⅲ）非通例的な重要な取引の検討

　企業の通常の取引過程から外れた重要な取引，または企業および企業環境に関する監査人の理解や監査中に入手した情報を考慮すると通例でないと判断されるその他の重要な取引について，取引の事業上の合理性（またはその欠如）が，不正な財務報告を行うため，または資産の流用を隠蔽するために行われた可能性を示唆するものであるかどうかを評価します。

ポイント　内部統制無効化リスクと対応手続

- 内部統制無効化リスクはすべての企業で存在
- 不正による重要な虚偽表示リスク，かつ，特別な検討を必要とするリスクとして扱われる
- 対応手続として，①仕訳テスト，②会計上の見積りにおける経営者の偏向の検討，③非通例的な重要な取引の検討を実施

（3）監査の総括のステップ

①監査の総括

　監査の総括のステップには，監査の総括と監査報告の2つが含まれます。
　監査の総括においては，まずリスク評価手続で識別した虚偽表示リスクに対応した手続がすべて完了し，十分な監査証拠が入手できたかを確認する必要があります。次に，監査手続を実施したことにより識別された虚偽表示，

ステップ	手　続　内　容
監査の総括	実施された手続により，十分かつ適切な監査証拠が入手されたかどうかを確かめる
	監査の過程で発見された事項を要約し，その扱いを監査意見表明の見地から総合的に検討
	発見事項については，その内容に応じて，経営者や適切な職階の責任者に報告
監査報告	必要な監査手続がすべて終了し，かつ，監査法人における審査が完了したのちに監査報告書を提出

すなわち監査差異が監査意見に与える影響を評価し，総合的に検討します。

　監査報告では，監査の総括を含め，監査法人内での監査意見提出のための審査が完了したうえで，監査報告書が提出されることになります（**図表 5 −10**）。

ポイント　　監査の総括

- 十分かつ適切な監査証拠が入手されたかどうか
- 監査により識別した虚偽記載の意見表明に与える影響の評価
- 必要な監査手続はすべて終了したか
- 監査法人内の審査は完了したか

②会計監査人による監査意見

　会計監査人は，実施した監査手続とその結果に基づき「監査意見」を表明します。会計監査人の監査意見は「独立監査人の監査報告書」に記載され，取締役会に提出されます。会計監査人にとって「監査報告書」は，財務諸表に対する監査人の意見を表明する手段であるとともに，監査人が監査人の責任を正式に認める手段でもあります。

　会計監査人は意見を表明するにあたり，**除外事項**という項目を記載することがあります。除外事項とは，監査意見の表明に重要な影響を与える可能性のある事項です。除外事項には，監査範囲の制約（重要な監査手続を実施できなかったことによる），意見に関する除外（経営者が採用した会計方針の選択や適用方法，財務諸表の表示方法に関する不適切な事項）があります。

　会計監査人の監査意見の種類には，除外事項の種類とその影響によって，

図表5−11　会計監査人の監査意見の種類

除外事項の種類 除外事項の有無とその重要性	監査範囲の制約	意見に関する除外
除外事項がない	無限定適正意見	
除外事項はあるが，その影響が財務諸表全体に対する意見表明ができないほどには重要でない，または財務諸表全体として虚偽の表示に当たるほどではない	限定付適正意見	限定付適正意見
重要な除外事項があり財務諸表全体に与える影響が大きい	意見不表明	不適正意見

以下の5つのケースがあります（**図表5−11**）。

　現状，会計監査人により表明される監査意見は，そのほとんどが無限定適正意見となっています。財務諸表監査制度においては，会計監査人の監査報告書の書式は，不特定多数の利害関係者が監査報告書の記載内容を容易に理解するとともに，監査人の責任範囲を明確にするという監査報告書の意義を充足する目的から，標準化されています。

　また，会計監査人の監査報告書には，監査報告書の利用者の注意を喚起する目的から「追記情報」の記載がある場合があります。たとえば，財務諸表に「会計方針の変更」，「重要な偶発事象」，「重要な後発事象」などの注記がある場合で，会計監査人がそれらの情報を特に重要と認めた場合に記載することが考えられます。監査報告書に追記情報の記載がある場合には，監査役は会計監査人から説明を受ける必要があります。

③監査上の主要な検討事項（KAM）

　金融商品取引法監査においては，監査人は監査の過程で監査役等と協議した事項のなかから特に注意を払った事項を決定し，そのうち，当年度の財務諸表の監査において，職業的専門家として特に重要であると判断した事項を「監査上の主要な検討事項」（KAM）として決定します。関連する財務諸表における開示がある場合には当該開示への参照を付したうえで，監査上の主要な検討事項の内容，監査人が監査上の主要な検討事項であると決定した理由および監査における監査人の対応を監査報告書に記載します。

金融商品取引法の監査報告書ひな型を本章末（146〜148頁）に掲載しました。また，KAMについての説明は**巻末Q&A 9**（**260〜261頁**）を参照してください。

▶ 4. 公認会計士監査における主要な監査手続とその重要ポイント

　一般に監査というとイメージされる手続が詳細テストです。ここでは，基本的な監査手続および重要な監査項目の監査手続をみていきましょう。

（1）基本的な監査手続

　まず，基本的な監査手続である，「実査」，「立会」，「確認」についてみていきましょう。

① 実査

　実査とは，資産の現物を実際に確かめる監査手続です。実査により資産の実在性に関する証明力の高い監査証拠を入手することができるとされています。

　実査の対象には，主に現金，預金，受取手形，有価証券があり，それぞれの実査対象物，突合先資料，手続上の留意点は**図表5−12**のとおりです。

　このほか，実査共通の留意点としては，以下のとおりです。

- 実査に際しては会社担当者の立会を求め，現物返還後に実査対象物の受領書を入手したか。
- 実査は，預金証書，受取手形，有価証券等を同時に行っているか。
- 会社所有物ではない現金・預金を預り保管している場合は，それらについても実査し，管理簿と突合したか。また，預り理由の合理性を質問等により確かめたか。

図表 5 −12　実査対象と手続上の留意点

	実査対象	突合先	留意点
現金	現金及び現金等価物	金種別在高表現金出納帳等	・金種別残高表，現金出納帳との一致 ・現金として会計処理すべきもの（他人振出の小切手・郵便為替証書・配当金領収書・送金小切手・期限の到来した公社債の利札）の有無
預金	預金通帳，定期預金証書，小切手帳，担保品預り証等	預金残高口座別明細表	・満期日を経過したまま放置されている定期預金等の有無 ・小切手帳の管理体制
受取手形	受取手形現物，代金取立手形通帳	受取手形明細表	・以下の手形等の有無 　・手形の要件を欠いている手形 　・裏書の連続していない手形 　・受取人が会社名義でない手形 　・期日経過手形 　・日付の入っていない手形 　・期間の異常に長い手形 　・不渡手形 ・手形帳の管理状況
有価証券	有価証券の現物	有価証券明細表	・名義が会社以外の有価証券の有無

②　立会

　立会とは，会社の実施する実地棚卸に立会うことによって，実地棚卸が会社のあらかじめ定めた棚卸手続に準拠して行われており，かつ，棚卸資産が正確に把握されていることを確かめる手続のことをいいます。

　また，棚卸立会の手続には実地棚卸計画の評価，棚卸作業の視察，質問，抜取り検査が含まれています。これらの手続項目ごとの作業内容をまとめると**図表 5 −13**のようになります。

　この他の棚卸立会の実施上の留意点は以下のとおりです。

- 現品積載の貨車，出荷待ちのトラック・トレーラー等について注意を払い，当該積載品が棚卸対象品かどうかに留意する。
- 抜取り検査においては，カウントする棚卸資産の品目等が片寄らない

よう留意する。

- 棚卸対象外物品については，適切な説明が付されているか留意する。

図表 5 −13　棚卸立会手続の留意点

手続項目	棚卸立会の主な手続内容
実地棚卸計画の評価	実地棚卸マニュアル，棚卸計画書，棚卸指示書等を事前に入手し，その内容を把握・検討する。
棚卸立会時の実施手続	立会開始前に保管場所の見取り図を入手して，工場，倉庫内を巡回し，棚卸の準備状況及び現品の保管状況を視察する。
	同一品目で保管場所が数ヶ所に分散している場合には，適切な棚卸原票の添付方法がとられているかを確かめる。
	棚卸実施中に移動のあった現品については，当該受払伝票を査閲し，適切な処置がとられたことを確かめる。
	必要と認めた場合には，現品調査終了後に，会社の棚卸責任者等とともに工場，倉庫等を巡回し，すべての現品に棚卸原票が添付されていることを確かめる。
	長期滞留品，不良品等に対して，棚卸担当者がどのように注意を払ったかを，質問等により確かめる。
	異常品，預け品，預り品，未出荷品，未検収品，担保提供品の有無等について説明を求め，また，内容，リスト等を入手し，現品調査等を行う。
	計量器等の正確性について質問し，状況に応じて，監査担当者自らがその正確性を確かめる。
	抜取り検査を行い，会社の現品調査が正しく実施され，かつ，これが正しく棚卸原票に記入されていることを確かめる。
	抜取り検査の手続において，必要と認めた場合には，一部の物品について開袋や開箱等を行い，表示と内容物の一致を確かめる。

③　確認

　確認とは，紙媒体，電子媒体またはその他の媒体により，監査人が確認の相手先である第三者（確認回答者）から文書による回答を直接入手する監査手続をいいます。確認は，積極的確認と消極的確認に分類されます。

　積極的確認とは，確認回答者が確認依頼の情報に同意かまたは不同意かにかかわらず，依頼された情報を提供することにより監査人に直接回答する方法をいいます。これに対して，消極的確認とは，確認回答者が確認依頼で提

供された情報に同意しない場合にのみ，監査人に直接回答する方法をいいます。

　なお，消極的確認から入手する監査証拠は，積極的確認から入手する監査証拠と比べ証明力が弱いものとなります。したがって，監査人は重要な虚偽表示のリスクが低いことや確認差異の割合が非常に低く予想されていることなどの条件に該当しないかぎり，消極的確認は利用できないものとされています。

　残高確認の対象には，主に債権債務，銀行取引，証券会社取引，外部保管棚卸資産，関係会社取引があり，手続上の留意点は**図表5－14**のとおりです。

図表5－14　残高確認の手続上の留意点

確認対象	残高確認の主な手続上の留意点
共通	官公庁等で残高確認状の返信が期待できない確認先については，確認先の協力の程度を考慮して確認実施の適否を検討し，状況に応じて代替手続を実施する。
共通	取引上のトラブル等の理由で会社から確認を拒否された取引先については，その拒否の理由が合理的であることを確かめたうえで，代替手続を十分に実施する。
共通	所定の回答期日を過ぎても返信のないものについては，会社に返信の督促を依頼するとともに，必要と認めた場合には，再度確認状を発送する。
共通	回答として受け取った確認状が監査証拠として妥当なものかどうかを確かめるため，署名者の役職，発信郵便局の消印等を注意深く検討する。
債権	売掛金，受取手形，未収入金等で回答のないものについては，代替手続として，計上記録を契約書，注文書，出荷伝票，物品受領書，領収証控等と突合する。また，必要と認めた場合には，基準日以後の入金または決済について得意先元帳，現金・預金出納帳等関連記録および証憑書類と突合する。
債務	買掛金，支払手形，未払金等で回答のないものについては，代替手続として，計上記録を契約書，注文書控，納品書，検収通知書等と突合する。また，必要と認めた場合には，基準日以後の支払または決済を仕入先元帳，現金・預金出納帳等関連記録および証憑書類と突合する。

(2)　重要な監査項目の監査手続

　次に，重要な監査項目のうち監査役の皆さんからよくご質問を受ける項目について，監査手続およびその際のポイントについてみていきましょう。

① 繰延税金資産の回収可能性

　繰延税金資産の回収可能性の検討は会社の純資産に大きな影響を与える項目であり，判断が多く含まれることから，財務諸表監査上も特に重要な監査項目の1つです。実務上は，企業会計基準適用指針第26号「繰延税金資産の回収可能性に関する適用指針」に従って回収可能性を検討します（**図表5－15**）。具体的には，会社の過去および当期の課税所得等の状況に応じた5つの会社分類（以下，分類）に分けたうえで，それぞれの分類ごとに回収可能性の取扱いが示されており，これに従って回収可能性を判断することになります。なお，同適用指針における会社分類をまとめると**図表5－16**のようになります。

図表5－15　繰延税金資産の回収可能性の監査手続と留意点

監査手続	手続上の留意点や理解すべきポイント
繰延税金資産の回収可能性の会社分類の妥当性の検証	・過去および当期の課税所得等に基づいて適切な会社分類（1～5）を適用しているか ・計上されている繰延税金資産の額が会社分類ごとの繰延税金資産計上額の制限内であるか
繰延税金資産の回収可能性に関する会社資料の正確性，網羅性の検証	・回収可能性検討シート内の将来課税所得見積額の根拠となる事業計画等に実行可能性・合理性があるか

図表5－16　会社分類別の回収可能性の取扱い

会社分類	要件（4を除く分類については，それぞれ記載の要件をすべて満たすこと）	繰延税金資産の回収可能性
1	・過去（3年）および当期のすべての事業年度において，期末における将来減算一時差異を十分に上回る課税所得が生じている。 ・当期末において，近い将来に経営環境に著しい変化が見込まれない。	繰延税金資産の全額について回収可能性あり

2	・過去（3年）および当期のすべての事業年度において，臨時的な原因により生じたものを除いた課税所得が，期末における将来減算一時差異を下回るものの，安定的に生じている。 ・当期末において，近い将来に経営環境に著しい変化が見込まれない。 ・過去（3年）および当期のいずれの事業年度においても重要な税務上の欠損金が生じていない。	スケジューリング可能な一時差異に係る繰延税金資産の回収可能性あり※1
3	・過去（3年）および当期において，臨時的な原因により生じたものを除いた課税所得が大きく増減している。 ・過去（3年）および当期のいずれの事業年度においても重要な税務上の欠損金が生じていない。 ・過去（3年）において，重要な税務上の欠損金の繰越期限切れとなった事実がない。 ・当期末において，重要な税務上の欠損金の繰越期限切れが見込まれない。	5年内の一時差異等加減算前課税所得の見積額に基づき繰延税金資産の回収可能性を判断※2
4	・次のいずれかの要件を満たし，かつ，翌期において一時差異等加減算前課税所得が生じることが見込まれる企業※3。 ・過去（3年）または当期において，重要な税務上の欠損金が生じている。 ・過去（3年）において，重要な税務上の欠損金の繰越期限切れとなった事実がある。 ・当期末において，重要な税務上の欠損金の繰越期限切れが見込まれる。	翌期の一時差異等加減算前課税所得の見積額に基づき繰延税金資産の回収可能性を判断
5	・過去（3年）および当期のすべての事業年度において，重要な税務上の欠損金が生じている。 ・翌期においても重要な税務上の欠損金が生じることが見込まれる。	回収可能性なし

※1　分類2において，スケジューリング不能な将来減算一時差異について，将来いずれかの時点で損金に算入される可能性が高いと見込まれるものに関しては，当該将来いずれかの時点で回収できることを企業が合理的な根拠をもって説明する場合には，この将来減算一時差異に係る繰延税金資産には回収可能性があるものとされます。

※2　分類3において，過去の中長期計画の達成状況や過去および当期の課税所得の推移などを勘案して，5年を超える見積可能期間においてスケジューリングされた一時差異等に係る繰延税金資産が回収可能であることを企業が合理的な根拠をもって説明する場合，当該繰延税金資産は回収可能性があるものとされます。

※3　分類4に該当する企業において，将来においておおむね3年から5年程度は一時差異等加減算前課税所得が生じることを企業が合理的な根拠をもって説明するときには（分類3）に，将来において5年超にわたり一時差異等加減算前課税所得が安定的に生じることを企業が合理的な根拠をもって説明するときには（分類2）に該当するものとして取り扱われます。

② 固定資産の減損

固定資産の減損とは，資産の収益性の低下により投資額の回収が見込めなくなった状態であり，減損処理とは，そのような場合に一定の条件の下で回収可能性を反映させるように帳簿価額を減額する会計処理をいいます。すなわち，稼働状況が悪化した設備や不採算な事業部門の資産などについて，回収不能見込額を損失として計上する会計処理をいいます。損失額計上のプロ

図表5-17　固定資産減損の監査手続と留意点

監査手続	手続上の留意点や理解すべきポイント
資産のグルーピングの妥当性	他の資産または資産グループからおおむね独立したキャッシュ・フローを生み出す最小の単位でグルーピングを行い，経営の実態が適切に反映されるよう配慮しているか。 ・実務上，工場や事業，店舗など管理会計上の区分や投資の意思決定を行う際の単位等を考慮することに留意
減損の兆候の有無の検討	たとえば，資産または資産グループにおいて，以下のような事象がある場合，減損の兆候に該当する（ただし，兆候は例示であり，以下の場合以外であっても実態に即して判断する）。 ・営業活動から生ずる損益またはキャッシュ・フローが継続してマイナス，またはマイナスの見込みである場合 ・資産の回収可能性を著しく低下させる変化が生じた，または生じる見込みである場合（事業の廃止・再編，遊休状態など） ・経営環境が著しく悪化，または悪化する見込みである場合 ・土地などの市場価格が著しく下落した場合
減損損失の認識の判定の妥当性[※1]	割引前将来キャッシュ・フロー[※2]が簿価を下回る場合，減損損失の認識が必要と判定しているか。なお，以下に留意する必要がある。 ・将来キャッシュ・フローの基礎となる事業計画の妥当性 ・将来キャッシュ・フロー期間の妥当性
減損損失の測定の妥当性	減損損失を認識すべきであると判定された場合，帳簿価額を回収可能価額[※3]まで減額しているか。なお，以下に留意する必要がある。 ・割引率の妥当性 ・将来キャッシュ・フローの基礎となる事業計画の妥当性，期間の妥当性 ・正味売却価額の妥当性

※1　固定資産の減損における認識の判定とは，減損要否の仮判定のような項目であり，次のステップである減損損失の測定が必要であるかどうかを判定することをいいます。なお，この段階で認識不要と判定された場合は，減損損失を計上する必要はありません。

※2　将来キャッシュ・フローは，取締役会等の承認を得た中長期計画と整合し，かつ，企業の外部要因に関する情報や企業が用いている内部の情報を反映したものである必要があります。

※3　回収可能価額とは，資産または資産グループの正味売却価額と使用価値（将来キャッシュ・フローの割引現在価値）のいずれかの高い方の金額をいいます。

セスが複雑なことや損失の影響が多額になる場合が多いことから，監査上も特に重要な監査項目の1つとして取り扱われています。固定資産減損の監査にあたっては，主に**図表5-17**の4つの手続が重要です。

③　棚卸資産の評価

棚卸資産に重要性のある会社において，棚卸資産の評価は従来から監査上の重要項目とされてきました。棚卸資産の評価の困難性としては，特に滞留棚卸資産の評価をする際に一体いくらまでの評価減が必要になるのかは，見積りに依拠するしかないという点にあります（**図表5-18**）。

図表5-18　棚卸資産の監査手続と留意点

監査手続	手続上の留意点や理解すべきポイント
棚卸資産の評価方法の妥当性の検討	期末に保有する棚卸資産の収益性が低下した場合は，正味売却価額まで簿価を引き下げているか ・正味売却価額＝売価－（見積追加製造原価＋見積販売直接経費） 滞留または処分見込等の棚卸資産の評価について，処分見込額までの切り下げまたは回転期間による規則的な切り下げをしているか
棚卸資産の評価に関する会社資料の正確性，網羅性の検証	棚卸資産の評価を計算するシステム帳票またはエクセル表の検証 ・正味売却価額のそれぞれの要素が正しく反映されているか ・計算ロジックが正確であるか ・対象となる棚卸資産が評価資料に網羅的に含まれているか

④後発事象

後発事象とは，決算日後に発生した会社の財政状態，経営成績及びキャッシュ・フローの状況に影響を及ぼす会計事象をいいます。たとえば，決算日後に訴訟の判決が確定したことや取締役会で新株発行の意思決定を行ったことなどが該当します。このうち，監査対象となる後発事象は，監査報告書日までに発生した事象のことをいいます。

監査上は後発事象を網羅的に把握しているかどうか，財務諸表へ適切に反映されているかどうか等を検討することが必要で，主に**図表5-19**に記載の手続を実施します。また，後発事象が財務諸表で開示される場合は，監査報告書に追記情報として記載するかどうかの検討も必要になります。

監査手続	手続上の留意点や理解すべきポイント
後発事象に係る情報の入手・検討	重要な後発事象を漏れなく認識し，検討しているか。例えば，以下のような手続を実施する。 ・決算日後に開催された取締役会等の重要な会議の議事録の閲覧 ・決算日後の月次試算表等に関する会計記録の検討
会計処理及び開示の妥当性の評価	・修正後発事象については財務諸表の修正が適切に行われているか，開示後発事象については財務諸表での開示が適切に行われているか。

5. 監査役はどのように公認会計士による監査を利用すべきか

　本章では，これまで公認会計士による監査の種類，目的と役割について紹介し，さらに基本的な監査手続である実査・立会・確認や重要な監査項目の監査手続および監査の視点について説明してきました。では，そのような公認会計士の監査を監査役はどのように利用すべきでしょうか。

(1) 会計監査人とのコミュニケーション

　監査役と会計監査人のコミュニケーションについては，日本監査役協会および日本公認会計士協会の両者による共同研究報告のほか，それぞれから実務指針や報告書が出されています。

- 日本監査役協会・日本公認会計士協会
  「監査役等と監査人との連携に関する共同研究報告」(以下，共同研究報告)
- 日本監査役協会
  「会計監査人との連携に関する実務指針」日本監査役協会会計委員会
  「会計不正防止における監査役等監査の提言 ―三様監査における連携の在り方を中心に―」 日本監査役協会会計委員会
- 日本公認会計士協会
  監査基準委員会報告書260「監査役等とのコミュニケーション」

会計監査人とのコミュニケーションの時期等

　会計監査人とのコミュニケーションの必要性については，**第2章の4.「(2)
会計監査人との連携の目的，その必要性」**で述べたとおりですが，会計監査
人との連携の意義・必要性を享受するためには，どのタイミングでのコミュ
ニケーションが必要となるのでしょうか。「監査役監査基準」によると，監
査役は会計監査人と定期的に会合をもつなど，緊密な連係を保ち，積極的に
意見および情報の交換を行い，効率的な監査を実施するよう努めなければな
らないとされています。定期的なコミュニケーションのタイミングとしては，
以下の4つが考えられます。

- 監査契約締結時（新規・更新）
- 監査計画策定時
- 四半期レビュー時
- 監査結果報告時（期末監査時）

このなかでも，監査計画策定時および監査結果報告時のコミュニケーショ
ンは特に重要な定期会合であるといえるでしょう。

　このほか，必要なときは適宜情報の交換を行い，随時の会合をもって意見
交換することが望ましいと考えられます。さらに「共同研究報告」には，違
法行為や不正の発見時の不正リスク対応基準に基づく対応のためのコミュニ
ケーションの例示が記載されています。

(2) 会計監査人による監査計画説明

　定期的なコミュニケーションのうち，特に重要なものの1つとして監査計
画時のコミュニケーションがあります。実務上，このコミュニケーションは
会計監査人による監査計画説明として実施されています。

　では，会計監査人による監査計画説明において，監査役が説明を受け，ま
たは意見交換をすべき事項はどのようなものでしょうか。「共同研究報告」
によれば，主に以下の項目があげられています。

① 監査人による監査計画の説明
- 監査に関する監査人の責任
- 経営環境，事業内容や利用している情報技術（IT）等の変化が監査計画に与える影響
- 監査上の重要課題
- 特別な検討を必要とするリスクが識別された事項又は重要な虚偽表示のリスクが高いと評価された事項
- 上記を踏まえたKAM候補となる事項の状況とその対応及び当該事項についての記載内容
- 前期からの会計・監査上の検討事項及び内部統制上の重要な不備
- 新たな会計基準の適用についての情報
- 重要な会計方針（連結範囲を含む）や会計処理に関する事項
- グループ監査に関する事項
- 往査先（事業所・子会社等），往査時期，監査日数，監査従事者数
- 内部統制（グループを含む）の評価の方法及び実施時期
- 重要な実証手続の内容及び実施時期
- 監査スケジュール（特に期末監査期間），監査時間の見積り及び監査報酬額に関する事項
- その他の記載内容を構成する文書並びにその発行方法及び発行時期の予定

② 監査役等による監査方針及び監査計画説明
- 監査役等の監査体制
- 企業集団としての監査体制
- 監査役等監査の要点（監査方針，重点監査項目等）
- 監査役等が監査人の監査に影響を及ぼすと判断した事項

　上記①の項目における**その他の記載内容**とは，監査した財務諸表を含む開示書類のうち当該財務諸表と監査報告書を除いた部分の記載内容のことをいいます。その他の記載内容は，通常，財務諸表およびその監査報告書を除く，事業報告書や有価証券報告書に含まれる財務情報や非財務情報です。

　上記の項目のなかで，特に，前期からの会計・監査上の検討事項および内部統制上の重要な不備，監査上の重要課題については，監査役とは異なる切

り口から会社をみている会計監査人の重点事項を聞くことで，監査役の監査計画に反映すべき事項がみつかる可能性があるため，重要な項目といえます。

また，新たな会計基準の適用に関する情報については，会計の専門家である会計監査人から説明を受けることは，監査役にとっての理解を深めるために必要であるといえます。

さらに，会計不正防止の観点からは，監査計画策定時の会合において，事業リスク，事業運営リスク，業務リスク，会計リスクや会社側の経理業務遂行能力，受査体制などについて情報・意見交換をする必要があります。

このほか，事業所・子会社等の往査先については，監査役が気になっている事業所・子会社等がある場合には，両者の監査の有効性に資することになりますので，会計監査人の往査に同伴することも考えられます。

また，金融商品取引法監査の適用会社においては，監査上の主要な検討事項（KAM）に関して，「共同研究報告」に記載のとおり，計画段階において以下についてコミュニケーションをとることが必要であると考えられます。

- ・KAMの候補となる事項の状況とその対応および当該事項の記載内容
- ・財務諸表またはその他の方法による開示状況
- ・コミュニケーションの頻度，日程，方法等

(3) 会計監査人による監査結果報告

定期的なコミュニケーションのうち，特に重要なものの1つとして期末監査時のコミュニケーションがあります。実務上，このコミュニケーションは主に会計監査人による監査結果報告として実施されています。

会計監査人による監査結果報告においても，監査役が説明を受け，または意見交換をすべき事項はどのようなものでしょうか。「共同研究報告」によれば，主に以下の項目があげられています。

- ● 監査人による監査（グループ監査を含む）の実施状況（当初の監査計画と相違する場合は，相違点と監査時間等に与える影響等を含む。）
- ● 年度の監査計画（随時更新を含む）で特定した特別な検討を必要とするリスク

の状況とその対応
- 監査人の会計・監査上の検討事項（審査の状況を含む）及び内部統制の開示すべき重要な不備（内部統制監査を実施している場合）又は重要な不備の内容（改善状況を含む）
- 監査人の状況及び品質管理体制（監査契約締結時の説明事項からの変更点及び留意すべき点）
- 未修正の虚偽表示の内容とそれが個別に又は集計して監査人の監査意見に与える影響
- 監査人が要請した経営者確認書の草案
- 監査人が監査した財務諸表が含まれる開示書類におけるその他の記載内容に修正が必要であるが，経営者が修正することに同意しない事項
- 監査人の監査報告書の記載内容
  ①監査意見（無限定適正意見以外の場合にはその理由等）
  ②継続企業の前提に関する事項
  ③KAMとして選定された事項及び当該事項についての記載内容（財務諸表又はその他の方法による開示状況との関係含む）
  ④追記情報（強調事項又はその他の事項）に関する事項
  ⑤その他の記載内容についての監査人の通読及び検討の結果
  ⑥監査報告書の様式及び内容に影響を及ぼすその他の状況
- 会社法監査終了時点での財務報告に係る内部統制に関する監査人の監査の状況
- 有価証券報告書及び内部統制報告書に関する事項
  ①修正されたその他の記載内容の重要な誤りに関する事項
- 内部統制監査報告書に関する事項
  ①　監査意見
  ②　追記情報（強調事項又はその他の事項）に関する事項
- 監査役等の企業集団を含む監査の実施状況
- 監査役等の監査報告書の記載内容
- 監査役等の取締役の職務の執行の監視の状況
  ①財務報告に係る内部統制の整備及び運用状況の監視，検証の状況
  ②財務報告プロセスの整備及び運用の監視の状況
  ③その他の記載内容の報告プロセスの整備及び運用の監視の状況

　なお，会計監査人の監査報告書において，報酬関連情報が記載されるため，上記に加え，監査報酬に関連する情報についても監査結果報告に含めることが求められます。

　監査報酬に関するコミュニケーションについては，倫理規則において求められております。**巻末Q&A10**の表中の報酬（2）を参照してください。

　これらのなかで，特に，監査人の会計・監査上の検討事項および内部統制の開示すべき重要な不備，未修正の虚偽表示の内容については重要な項目であり，留意して意見交換をする必要があります。

　監査役にとっては，上記の項目についての説明を受け，意見交換をすることによって，監査役監査報告における会計監査の相当性判断や翌期の監査報酬同意に必要な情報を得ることが可能となります。

　また，金融商品取引法監査の適用会社においては，監査上の主要な検討事項（KAM）に関して，「共同研究報告」に記載しているとおり，監査人の意見形成および報告書作成段階において，以下についてコミュニケーションをとることが求められています。

- ・KAMとして選定された事項
- ・KAMとして選定された事項についての記載内容
- ・財務諸表またはその他の方法による開示状況との関係

　以上が会計監査人とのコミュニケーションにおける重要ポイントになります。監査役の皆さんと会計監査人が適切なタイミングで必要なコミュニケーションをとることは，双方の監査の品質および効率性が維持されることに役立つといえるでしょう。

【参考】金融商品取引法の監査報告書（連結）

独立監査人の監査報告書

×年×月×日

○○株式会社
　取締役会　御中

　　　　　　　　　　　　　　　　　　○○監査法人
　　　　　　　　　　　　　　　　　　　○○事務所
　　　　　　　　　　　　　指定社員　　　　　　　公認会計士　○○○○　印
　　　　　　　　　　　　　業務執行社員
　　　　　　　　　　　　　指定社員　　　　　　　公認会計士　○○○○　印
　　　　　　　　　　　　　業務執行社員

＜連結財務諸表監査＞
監査意見
　当監査法人は，金融商品取引法第193条の2第1項の規定に基づく監査証明を行うため，「経理の状況」に掲げられている○○株式会社の×年×月×日から×年×月×日までの連結会計年度の連結財務諸表，すなわち，連結貸借対照表，連結損益計算書，連結包括利益計算書，連結株主資本等変動計算書，連結キャッシュ・フロー計算書，連結財務諸表作成のための基本となる重要な事項，その他の注記及び連結附属明細表について監査を行った。
　当監査法人は，上記の連結財務諸表が，我が国において一般に公正妥当と認められる企業会計の基準に準拠して，○○株式会社及び連結子会社の×年×月×日現在の財政状態並びに同日をもって終了する連結会計年度の経営成績及びキャッシュ・フローの状況を，すべての重要な点において適正に表示しているものと認める。

監査意見の根拠
　当監査法人は，我が国において一般に公正妥当と認められる監査の基準に準拠して監査を行った。監査の基準における当監査法人の責任は，「連結財務諸表監査における監査人の責任」に記載されている。当監査法人は，我が国における職業倫理に関する規定に従って，会社及び連結子会社から独立しており，また，監査人としてのその他の倫理上の責任を果たしている。当監査法人は，意見表明の基礎となる十分かつ適切な監査証拠を入手したと判断している。

監査上の主要な検討事項
　監査上の主要な検討事項とは，当連結会計年度の連結財務諸表の監査において，監査人が職業的専門家として特に重要であると判断した事項である。監査上の主要な検討事項は，連結財務諸表全体に対する監査の実施過程及び監査意見の形成において対応した事項であり，当監査法人は，当該事項に対して個別に意見を表明するものではない。
　［監基報701に従った監査上の主要な検討事項の記載例
　（表形式にする場合の記載例）

○○○○（監査上の主要な検討事項の見出し及び該当する場合には連結財務諸表の注記事項への参照）	
監査上の主要な検討事項の 内容及び決定理由	監査上の対応
……（監査上の主要な検討事項の内容及び決定理由の内容を記載する）……。	……（監査上の対応を記載する）……。

　］
その他の記載内容
　その他の記載内容は，有価証券報告書に含まれる情報のうち，連結財務諸表及び財務諸表並びにこれらの監査報告書以外の情報である。経営者の責任は，その他の記載内容を作成し開示することにある。また，監査役及び監査役会の責任は，その他の記載内容の報告プロセスの整備及び運用における取締役の職務の

執行を監視することにある。

　当監査法人の連結財務諸表に対する監査意見の対象にはその他の記載内容は含まれておらず，当監査法人はその他の記載内容に対して意見を表明するものではない。

　連結財務諸表監査における当監査法人の責任は，その他の記載内容を通読し，通読の過程において，その他の記載内容と連結財務諸表又は当監査法人が監査の過程で得た知識との間に重要な相違があるかどうか検討すること，また，そのような重要な相違以外にその他の記載内容に重要な誤りの兆候があるかどうか注意を払うことにある。

　当監査法人は，実施した作業に基づき，その他の記載内容に重要な誤りがあると判断した場合には，その事実を報告することが求められている。

　その他の記載内容に関して，当監査法人が報告すべき事項はない。

連結財務諸表に対する経営者並びに監査役及び監査役会の責任

　経営者の責任は，我が国において一般に公正妥当と認められる企業会計の基準に準拠して連結財務諸表を作成し適正に表示することにある。これには，不正又は誤謬による重要な虚偽表示のない連結財務諸表を作成し適正に表示するために経営者が必要と判断した内部統制を整備及び運用することが含まれる。

　連結財務諸表を作成するに当たり，経営者は，継続企業の前提に基づき連結財務諸表を作成することが適切であるかどうかを評価し，我が国において一般に公正妥当と認められる企業会計の基準に基づいて継続企業に関する事項を開示する必要がある場合には当該事項を開示する責任がある。

　監査役及び監査役会の責任は，財務報告プロセスの整備及び運用における取締役の職務の執行を監視することにある。

連結財務諸表監査における監査人の責任

　監査人の責任は，監査人が実施した監査に基づいて，全体としての連結財務諸表に不正又は誤謬による重要な虚偽表示がないかどうかについて合理的な保証を得て，監査報告書において独立の立場から連結財務諸表に対する意見を表明することにある。虚偽表示は，不正又は誤謬により発生する可能性があり，個別に又は集計すると，連結財務諸表の利用者の意思決定に影響を与えると合理的に見込まれる場合に，重要性があると判断される。

　監査人は，我が国において一般に公正妥当と認められる監査の基準に従って，監査の過程を通じて，職業的専門家としての判断を行い，職業的懐疑心を保持して以下を実施する。

・不正又は誤謬による重要な虚偽表示リスクを識別し，評価する。また，重要な虚偽表示リスクに対応した監査手続を立案し，実施する。監査手続の選択及び適用は監査人の判断による。さらに，意見表明の基礎となる十分かつ適切な監査証拠を入手する。

・連結財務諸表監査の目的は，内部統制の有効性について意見表明するためのものではないが，監査人は，リスク評価の実施に際して，状況に応じた適切な監査手続を立案するために，監査に関連する内部統制を検討する。

・経営者が採用した会計方針及びその適用方法の適切性，並びに経営者によって行われた会計上の見積りの合理性及び関連する注記事項の妥当性を評価する。

・経営者が継続企業を前提として連結財務諸表を作成することが適切であるかどうか，また，入手した監査証拠に基づき，継続企業の前提に重要な疑義を生じさせるような事象又は状況に関して重要な不確実性が認められるかどうか結論付ける。継続企業の前提に関する重要な不確実性が認められる場合は，監査報告書において連結財務諸表の注記事項に注意を喚起すること，又は重要な不確実性に関する連結財務諸表の注記事項が適切でない場合は，連結財務諸表に対して除外事項付意見を表明することが求められている。監査人の結論は，監査報告書日までに入手した監査証拠に基づいているが，将来の事象や状況により，企業は継続企業として存続できなくなる可能性がある。

・連結財務諸表の表示及び注記事項が，我が国において一般に公正妥当と認められる企業会計の基準に準拠しているかどうかとともに，関連する注記事項を含めた連結財務諸表の表示，構成及び内容，並びに連結財務諸表が基礎となる取引や会計事象を適正に表示しているかどうかを評価する。

・連結財務諸表に対する意見を表明するために，会社及び連結子会社の財務情報に関する十分かつ適切な監査証拠を入手する。監査人は，連結財務諸表の監査に関する指示，監督及び実施に関して責任がある。監査人は，単独で監査意見に対して責任を負う。

　監査人は，監査役及び監査役会に対して，計画した監査の範囲とその実施時期，監査の実施過程で識別した内部統制の重要な不備を含む監査上の重要な発見事項，及び監査の基準で求められているその他の事項について報告を行う。

監査人は，監査役及び監査役会に対して，独立性についての我が国における職業倫理に関する規定を遵守したこと，並びに監査人の独立性に影響を与えると合理的に考えられる事項，及び阻害要因を除去するための対応策を講じている場合又は阻害要因を許容可能な水準にまで軽減するためのセーフガードを適用している場合はその内容について報告を行う。

　監査人は，監査役及び監査役会と協議した事項のうち，当連結会計年度の連結財務諸表の監査で特に重要であると判断した事項を監査上の主要な検討事項と決定し，監査報告書において記載する。ただし，法令等により当該事項の公表が禁止されている場合や，極めて限定的ではあるが，監査報告書において報告することにより生じる不利益が公共の利益を上回ると合理的に見込まれるため，監査人が報告すべきでないと判断した場合は，当該事項を記載しない。

＜報酬関連情報＞

　当監査法人及び当監査法人と同一のネットワークに属する者に対する，当連結会計年度の会社及び子会社の監査証明業務に基づく報酬及び非監査業務に基づく報酬の額は，それぞれXX百万円及びXX百万円である。

利害関係

　会社及び連結子会社と当監査法人又は業務執行社員との間には，公認会計士法の規定により記載すべき利害関係はない。

以上

注：本文中の文例は，監査報告書において直接金額を示す方法であり，有価証券報告書の提出会社の状況に含まれるコーポレート・ガバナンスの状況等における監査の状況の記載を参照することも考えられる。

出所：日本公認会計士協会「監査基準報告書700実務指針第1号」文例1を加工

第**6**章

監査役と法令・規則

監査役の役割は「監査役は，取締役の職務の執行を監査する」（会381条1項）ことです。会社法381条1項の後半では「監査役は，法務省令で定めるところにより，監査報告を作成しなければならない。」とあります。

監査役の監査は，**第2章**でも触れましたが，「取締役の法令及び定款に違反する重大な事実の有無」について監査意見を述べる必要があります。

取締役の違法行為が監査役監査の対象となるわけですが，取締役の行為のうち，どのようなものが違法行為となるのでしょうか。①法令・定款違反となる場合，②善管注意義務違反となる場合があり，②も広義には法令違反に含められるものと考えられます。

また，取締役の職務執行は非常に広範にわたります。取締役が職務執行する際に遵守すべき法律は，会社法，金融商品取引法，独占禁止法，個人情報保護法，環境保護に関する各法令まで含みます。

まず，会社法について触れておきましょう。なお，本章では，監査役会設置会社であることを前提としています。

1. 会社法

（1）会社法の役割と目的

まず，会社法の役割と会社法の目的を考えてみましょう。

個人企業を考えてみますと，会社の出資者と経営者が一致しています。出資者である個人が企業を経営するからです。個人は，他からの制約を受けることなく，自分の能力を十分に発揮することができ，その利益もすべて享受することができます。しかし，個人企業では限界もあります。企業は，規模を拡大するために銀行等から借入をし，従業員を雇うことが必要になるかもしれません。その場合，経営者は業績や利益にかかわらず，銀行等に対する利息や従業員に対する給料等を支払わなければなりません。企業が大きくなればなるほど経営者は，責任は負いきれず企業のリスクを分散・軽減することができません。

　そこで，多くの人から出資を募り出資金を集めるとともに，企業利益を出資者に分配します。仮に失敗した場合でも出資者の責任は出資額までとすることにより，出資者は出資をしやすくなります。会社経営の効率的運営を図るため（株式）会社という組織が成立したのです。

　会社は営利を目的とする社団法人であり，会社がその活動によって得た利益を出資者に分配することが必要です。会社組織となり，多くの利害関係者が存在するため，それら利害関係者の利害を調整するため会社法の法規定が定められています。

(2) 会社法における取締役の職務執行に関する規制

　取締役（経営陣）は，会社経営の実現のため利益の追求などを求めます。ときにはそれが行き過ぎてしまい，誤った経営判断をする危険が常にあります。監査役は，会社法を十分に理解したうえで，取締役の誤った判断を防止することが期待されているのです。監査役は特に取締役の職務執行に関する内容は理解する必要があるでしょう。なぜならば，監査役の役割は，主に取締役の職務執行や取締役会の監督状況をチェックしなければならないからです。

　会社法は株主保護や債権者保護のため，経営者自らの利益追求により会社の財産を危うくすることを防止するため，取締役の職務執行に対して禁止事項および行為規制という形でその行動を制限しています。

(3) 禁止事項

　それでは，以下，主な取締役の職務執行に対する規制をみてみましょう。

① 取締役等の特別背任罪

> 取締役等が自己もしくは第三者の利益を図り，または会社に損害を加える目的で，その任務に背く行為をし，会社に財産上の損害をくわえた罪（会960条）。

　たとえば，銀行の取締役が，実質的に破綻している会社に十分な担保をと

らず追い貸しするような行為などが該当します。つまりこの場合，銀行が利益を失う一方，取締役自身が利益を得ることを目的とした行為が「特別背任罪」にあたると考えられます。

② 株主等の権利行使に関する贈収賄罪

株主総会等における議決権行使等に関し不正の請託を受けて，財産上の利益を収受し，またはその要求もしくは約束をしたとき株主等の権利行使に関する贈収賄罪となる（会968条）。

たとえば，会社の役職員が株主である総会屋に対し，株主総会での一般株主の発言を脅迫により妨害することを依頼し，その対価として金銭を支払うような行為は本条で処罰されます。

総会屋とは，一般的には，株式会社の株式を保有し，権利行使を濫用することにより，会社等から金品を収受または要求する者をいいます。

③ 利益供与

取締役等が，株主の権利行使に関し，当該会社または子会社の計算において財産上の利益を供与したときは，利益供与罪が成立する（会970条）。

株主の権利行使に関連していれば，取締役がいかなる利益供与を行った場合でも該当します。財産上の利益には，金品だけでなく飲食等も含まれます。

④ その他の規定

ここまでは，主な会社法における取締役の職務執行に関する禁止事項を記載しました。その他の禁止事項について**図表6-1**に簡単にまとめてみましたので参考にしてください。

図表6－1　取締役の主な禁止事項（会963～967条）

項目	内容
会社財産を危うくする行為	不正や虚偽により会社の利益を損なう行為を規制しています。違法配当などがあります。
虚偽文書行使等	株式等の募集に当たって，虚偽の説明による場合などが該当します。
預合い	株式発行による払込を仮装するために預合いを行った場合が該当します。
株式の超過発行	発行株式総数を超えて株式を発行する場合に該当します。
取締役等の贈収賄	取締役の職務に関し不正の請託を受け，財産上の利益を収受・約束・要求した場合に該当します。

（4）行為規制

　次に取締役の職務執行に関し，禁止とはしていないものの，一定の行為を規制している条文があります。その趣旨は同じく会社の利益を犠牲にする可能性があるからです。では主な内容をみてみましょう。

① 競業取引

> 取締役は，自己または第三者のために会社の事業の部類に属する取引をしようとする場合は，取締役会の承認を要する（会356条1項1号，365条1項）。

　取締役が競業取引をしようとする場合には，取締役会で重要な事実を開示し，承認を受ける必要があります（取締役会非設置会社では株主総会の承認（会356条1項柱書））。また，競業取引を行った取締役は，取引後遅滞なく，重要な事実を取締役会に報告する必要があります（会365条2項）。

　取締役は，会社の業務執行に関して強大な権限を有しています。また，業務上の機密情報を利用できる立場にもあります。そのため，競業を自由に認めると市場において競合し，会社の取引先を奪うなどの可能性があります。このような場合には，取締役が会社の利益を犠牲にして自己または第三者の利益を図るおそれがあり，これを防止するために，この規定が設けられています。

　なお，承認および事後報告が必要とされている「株式会社の事業の部類に属

する取引」とは，会社が実際に行っている取引と目的物（商品・役務提供の種類）または市場（地域・流通段階など）が競合する取引であると解されています。

　また，承認・事後報告のタイミングについては，包括的な承認を得る場合には取締役会の事後報告自体は必要ですが，その報告は，ある程度まとめて行うことができると解されています。

②　利益相反取引

> 取締役は，①自己または第三者のために会社と取引をするとき（直接取引）および②会社が取締役の債務を保証することその他取締役以外の者との間において会社と取締役の利益が相反する取引をしようとするとき（間接取引）は取締役会の承認が必要である（会356条1項2号，3号，365条1項）。

　取締役が利益相反取引をしようとする場合には，競業取引と同様に，取締役会で重要な事実を開示し，承認を受ける必要があります（取締役会非設置会社では株主総会の承認（会356条1項柱書））。また，利益相反取引を行った取締役は，取引後遅滞なく重要な事実を取締役会に報告する必要があります（会365条2項）。

　取締役に対して利益相反取引を自由に認めると，取締役個人が取引先である取引や取締役が他の会社の代表取締役である会社との取引は，会社に不利な条件で取引をするといった可能性があります。このような場合には，会社の利益を犠牲にして自己または第三者の利益を図るおそれがあり，これを防止するためにこの規定が設けられています。

　また，利益相反取引については，取引の結果会社に損害が生じた場合には，当該取締役と決議に賛成した取締役は任務を怠ったものと推定されます（会423条3項）。特に自己のために直接取引を行った取締役については過失の有無にかかわらず，会社に損害を賠償する責任があります（会428条1項）。

　なお，監査等委員会設置会社の場合に，利益相反取引につき監査等委員会の承認を受けたときには，任務懈怠を推定する会社法423条3項は適用しないとの規定が設けられました（会423条4項）。

③　重要事項の取締役会決議

> 重要な業務執行の決定は，取締役会で行わなければならない（会362条4項）。

　重要な財産の処分および譲受け，多額の借財，支配人その他の重要な使用人の選任および解任などが具体的に示されています。これらは一般に会社の事業に与える影響が大きいと考えられるため，取締役個人の判断ではなく，取締役会において慎重な検討を行うことを要求しています。

(5)　近年の会社法の主な改正点の概要について

　「会社法の一部を改正する法律」が，国会にて2019（令和元）年12月に成立・公布され，2021（令和3）年3月および2022（令和4）年9月より施行されています。また，法務省より，2020（令和2）年11月に「会社法の一部を改正する法律」の施行に伴う「会社法施行規則等の一部を改正する省令」が公布され，2022年（令和4）年9月より施行されています。

①　2019（令和元）年の会社法の改正

　2019年（令和元）年の会社法の改正は，企業の持続的成長を促進するとともに，企業ガバナンスの強化を図ることを目的に，法制審議会で採択された「会社法制（企業統治等関係）の見直しに関する要綱」に基づき立案され成立されたものです。それでは，会社法改正について**図表6－2**に簡単にまとめてみましたので参考にしてください。

　取締役等に関する主な規律の改正の内容を見てみましょう。

　取締役の適切な職務執行のためのインセンティブニーズが強く，また，報酬規制の透明性を一層充実させるために，取締役の報酬規制が見直されました。会社法改正以前も，有価証券報告書において，報酬額・算定方法の決定に関する方針の内容およびその決定方法について開示が求められていましたので，報酬の決定方針について一定の指針がある会社は多く存在していたものと思われます。

図表6－2　主な2019年会社法改正の概要

株主総会に関する規律の改正		
①	電子提供制度の新設（会325条の2以下）	株主総会資料（議決権行使書面，計算書類等）の電子提供制度が新設され，書面によらずインターネットを利用する方法で株主に提供できることとなり，上場会社に義務付けられました。
②	株主提案権の制限（会305条4項，同条5項）	株主提案権について，株主権の濫用的な行使を制限するため，株主が同一の株主総会で提案できる議案の数の制限が設けられました。
取締役等に関する規律の改正		
③	報酬に関する規律の見直し（会361条1項，同条7項，236条3項）	取締役の報酬に関する規律の見直しが行われ，報酬等の決定方針や株式報酬のようなインセンティブ報酬を付与する場合における規定の明確化が図られました。
④	会社補償制度等の創設（会430条の2，同条の3）	取締役等の職務執行の萎縮を防ぎ，人材確保を促進するため，会社補償制度（会社と役員等が補償契約を締結し，役員等に生じた損害の一部または全部を補償する），およびD&O保険（役員等賠償責任保険）の規定が新設されました。
⑤	社外取締役に関する規律の見直し（会348条の2，法327条の2）	業務執行について，社外取締役に委託する場合の取扱いに関する規定が新設されるとともに，上場会社でかつ監査役会設置会社は，社外取締役の設置が義務付けられました。
その他		
⑥	社債管理補助者制度の創設（会676条，714条の2～7）	会社が社債を発行する場合に，社債管理者を定めることを要しないときは，社債管理補助者を定め，社債権者のために社債の管理の補助を行うことを委託することができる社債管理補助者制度が新たに設けられました。

　会社補償制度・D&O保険契約の改正についてはどうでしょう。

　会社法改正以前から会社補償制度やD&O保険契約も，一定の要件の下でこれを締結している会社が存在していましたが，会社法改正により制度化されました。

　次に社外取締役の活用についてですが，会社法改正により，社外取締役の設置の義務づけが行われましたが，社外取締役の設置自体は，上場会社のほとんどに定着されており，特段の対処の必要は少なかったものと考えられます。一方，社外取締役の業務執行の委託制度については，取引の構造上，その利益相反関係が生じるような場面での利用が期待されています。その都度，取締

156

役会決議を経て委託することが必要となりますので注意が必要となってきます。

　最後に**株主総会資料の電子提供制度**についてですが，会社法改正により，株主総会参考書類，議決権行使書面，計算書類及び事業報告並びに連結計算書類について，電子提供措置（例えば，自社のホームページ等のウェブサイトに掲載し，株主に対し，そのウェブサイトのアドレス等を書面により通知することによって提供すること）をとることを定款に定めることができるようになりました。

　詳細は**巻末Q&A 7**をご参照ください。

②　2020（令和2）年の会社法施行規則の改正

　2020（令和2）年法務省「会社法施行規則等の一部を改正する省令」の改正内容のうち，特に取締役等の報酬の見直しをうけた取締役の個人別の報酬等の決定方針に関する規定および事業報告に関する規定の改正の概略をみてみましょう。上場会社の取締役会は，取締役（監査等委員である取締役を除く）の個人別の報酬等の内容が定款または株主総会の決議により具体的に定められていない場合には，その内容の決定方針を定めることが義務づけられました（会361条7項）。この改正にともない，会社法施行規則98条の5において，次のとおり，決定すべき具体的な内容を定める規定が新設されました。

①取締役の個人別の報酬等の額またはその算定方法の決定に関する方針

②取締役の個人別の報酬等のうち，業績連動報酬等がある場合，その業績指標の内容および業績連動報酬等の額または数の決定に関する方針

③取締役の個人別の報酬等のうち，非金銭報酬等がある場合，その内容もしくは数またはその算定方法の決定に関する方針

④上記①②③の割合の決定に関する方針

⑤取締役に対し報酬等を与える時期または条件の決定に関する方針

⑥取締役の個人別の報酬等の内容についての決定の全部または一部を取締役その他の第三者に委任する場合に関する事項

⑦取締役の個人別の報酬等の内容についての決定方法（上記事項を除く）

⑧上記①〜⑦の他，取締役の個人別の報酬等の内容の決定に関する重要な事項

また，事業報告の記載事項について，所定の規定の見直しが行われています。

図表6－3　事業報告における開示の拡充

区分	記載項目	
株式会社の現況に関する事項 （施規120条1項7号）	株式会社に親会社がある場合には，親会社との間に株式会社の重要な財務及び事業の方針に関する契約等が存在するときは，事業報告にその内容の概要	
会社役員に関する事項	会社役員等の報酬 （施規121条4号, 5号の2～6号の3）	報酬等の種類ごとの総額
		業績連動報酬等に関する事項
		非金銭報酬等に関する事項
		報酬等についての定款の定め又は株主総会決議による定めに関する事項
		報酬等の決定方針に関する事項
		取締役会の決議による報酬等の決定の委任に関する事項
	取締役，会計参与，監査役又は会計監査人と締結している補償契約に関する事項（施規121条3号の2～3号の4，125条2号～4号，126条7号の2～7号の4）	
株式に関する事項	職務執行の対価として株式会社が交付した株式に関する事項（施規122条1項2号）	
新株予約権に関する事項	職務執行の対価として株式会社が交付した新株予約権等に関する事項（施規123条1号）	
社外役員等に関する特則	社外取締役が果たすことが期待される役割に関して行った職務の概要（施規124条4号）	
役員等賠償責任保険契約に関する事項（施規121条の2）		

2. 金融商品取引法

（1）金融商品取引法の役割と目的

金融商品取引法は，有価証券の発行および金融商品等の取引を公正にし，資本市場の機能の十全な発揮による金融商品等の公正な価格形成等を図り，もって国民経済の健全な発展および投資者の保護に資することを目的とする（金商1条）。

　日本を取り巻く金融・資本市場のグローバル化が進展するなか，日本の金融・資本市場の魅力を高め，国際市場として世界中の利用者に活用されてゆくことが必要です。また，日本国内の家計金融資産は「貯蓄から投資へ」と動き始めており，金融・資本市場に対する信頼感を回復させることは急務となってきております。また，従来の法律では利用者保護の対象とならない新しい金融商品も登場しています。

　金融商品取引法は包括的・横断的な利用者保護ルールとして，利用者が安心して投資を行える環境を整備することを目的としています。

　また，一方で金融商品取引法は数々の事件が起きるたびに，それに対応するために改正が繰り返されています。その改正は，①投資性の強い金融商品に対する投資者保護法制の構築②開示制度の充実③取引所の自主規制機能の強化④不公正取引等への厳正な対応が主な内容になります。

(2) 金融商品取引法の取締役および監査役に関する規定

　監査役に関する規定としては，主に有価証券報告書等の虚偽記載等の場合の損害賠償責任（金商24条の4）があります。実際に監査役が作成に関与していなくても，虚偽記載等があれば責任を問われる可能性があるというものです。監査役としては注意が必要です。金融商品取引法においては，監査役を規律する規定はほとんどありませんが，監査役が監査すべき取締役の重要な職務執行に関係する規定が多いので，理解が必要となるでしょう。

　それでは，主な金融商品取引法の条文に実際，触れてみましょう。

(3) 開示制度

① 発行開示

> 有価証券の募集または売出しをするためには，有価証券届出書を提出する必要がある（金商4条1項）。

　有価証券届出書の届出を怠った場合，虚偽の開示を行った場合等には，刑事罰があります（金商197条の2第1号，金商197条1項1号）。虚偽記載に

は，課徴金の適用もあります（金商172条）。

② 継続開示

> 取引所に上場している会社等，募集・売出しに際して有価証券届出書等を提出
> した会社，当事業年度又は事業年度の開始の日前4年以内に開始した事業年度
> のいずれかの末日において所有者が1,000名以上いる有価証券を発行している場
> 合，継続開示が必要となる（金商24条1項）。

継続開示書類としては，有価証券報告書，臨時報告書（金商24条の5），
親会社等状況報告書があります（金商24条の7）。また，自己株券買付状況
報告書（金商24条の6），内部統制報告書（金商24条の4の4）および四半
期報告書（金商24条の4の7）の提出も必要です。

（4）金融商品取引法上の主な規制

金融商品取引法が規制する代表的な規制にインサイダー取引規制がありま
す。インサイダー取引規制には，上場会社等の関係者によるインサイダーの
規制（金商166条）と公開買付者等の関係者によるインサイダー取引規制（金
商167条）の2種類があります。

> 「会社関係者」であって，上場会社等に係る業務等に関する重要事実を知ったも
> のは，当該業務等に関する重要事実の公表がされた後でなければ，当該上場会社
> 等の特定有価証券等に係る売買その他の有償の譲渡若しくは譲受け，合併もし
> くは分割による承継またはデリバティブ取引をしてはならない（金商166条1項）。

インサイダー取引とは，一定の地位にある者が一定の関係から重要な情報
を手に入れた場合に，その情報公表前に株式売買等を行うことをいいます。
インサイダー情報を利用したかは問いません。また，実際に利益を得たかも
問わず，損失を出してもインサイダー取引に該当します。

法が禁止しているのは，他の株主の知らない情報を，特別の地位のある者
が，その地位に基づいて情報を入手して取引を行った場合です。

　なお，2013（平成25）年に改正された金融商品取引法では，一定の情報伝達や取引推奨行為も規制対象とされました。

(5) その他の規制

　金融商品取引法では，このほかにも**図表6−4**のようにその行為自体を規制しているものがあります。

図表6−4　主な行為規制

項目	条文	内容
大量保有報告規制	金商27条の23	大量の株式保有は，会社支配に重要な影響を与える投資情報であるため，保有者は，大量保有報告書を内閣総理大臣に提出しなければなりません。
公開買付規制	金商27条の2（以下）	公開買付を実施する当事者以外の株主の不利益とならないように公開買付届出書などの重要な事実を公表する義務を課しています。
風説の流布	金商158条	金融商品の相場変動を図る目的で風説，偽計などの行為を禁止しています。
株価操縦	金商159条	特に仮装取引により株価を動かすことを禁止しています。

3. その他の法律

　監査役が業務上知っておくべきその他の法律をまとめてみました。どの法律も取締役の職務の執行において規制を受ける法律です。監査業務を実施するうえで違法性チェックをする際の参考にしてください。

　また，会社の行う事業によって適用となる法律も異なりますので，会社の事業をよく理解することが必要でしょう。また，前任監査役等に対して，どのような法律が監査役監査を行ううえで重要になり得るかを確かめることも必要でしょう。

① 不正競争，不公正取引を防止する法律

　独占禁止法は，公正かつ自由な競争を促進し，事業者が自由に活動できるようにするため，①私的独占　②価格カルテルなどの不当な取引および　③再販価格の拘束等の不公正な取引方法を制限しています。

　不正競争防止法は，事業者の公正な競争を確保することを目的として不正競争の防止と不正競争した場合の損害賠償に関する措置を定めています。

　不当景品類及び不当表示防止法は，自己の不当な優位性を図る目的で不当表示や過大な景品類を提供することを制限し，消費者が適切に商品やサービスを選択できる環境整備を図る法律です。

　下請法は，下請取引の公正な取引環境を守り，下請業者の利益を保護するための法律です。

② 知的財産を保護するための法律

　知的財産関連法として「著作権法」，「特許権法」，「実用新案権法」，「意匠法」，「商標法」などがあります。これらは，発明や表現などの功績と権益を保護するために権利を与える法律です。具体的には，発明，物品の構造，デザイン，マークなどが対象となります。

③ 労働者の権利を保護する法律

　労働基準法は，賃金や労働条件など使用者（経営者）が最低限守るべきルールを定めています。「労働組合法」，「労働関係調整法」とあわせて，一般的に労働三法といわれております。また，「障害者の雇用の促進等に関する法律」，「男女雇用機会均等法」や，派遣に関する規制をした「労働者派遣法」もあります。

④ 情報セキュリティに関する法律

　近年の情報セキュリティに関し，たとえば，不正の他人のIDやパスワードを使用し，コンピューターにアクセスすることを禁止した**不正アクセス禁止法**，また，個人情報を保護するため，個人情報取扱事業者は，本人の同意

なしで第三者に個人情報の提供を禁止する「個人情報保護法」などがあります。

4. 法令・定款違反の発見とその対応
－違法行為を発見した場合の監査役の権限－

(1) 取締役への報告および取締役会招集請求権

監査役は取締役が不正の行為等をした場合，遅滞なくその旨を取締役に報告しなければならない（会382条）。
監査役は取締役会に出席し，必要があると認められるときは，意見を述べなければならない（会383条1項）。

　趣旨は取締役自身が動き問題解決へ向かうことを期待するものです。また，監査役が取締役に対し，取締役会の招集を請求することもできます（会383条2項）。

(2) 違法行為の差止請求権

監査役は，取締役が違法行為をし，当該行為によって会社に著しい損害が生ずるおそれがあるときは，当該取締役に対し，その行為をやめることを請求することができる（会385条）。

　取締役の違法行為と，それにより会社に著しい損害が発生するおそれが要件となっています。取締役に対する監査役の過度の介入を抑制的にするために，限定した要件となっています。

(3) 責任追及訴訟提起権

監査役は，取締役が違法行為により会社に損害を与えたときは，会社を代表してその支払を求める訴訟を提起することができる（会386条1項）。

163

差止請求が監査役のできる事前の制度であるのに対し，責任追及提起権は監査役のできる事後の制度です。監査役としてはできるかぎり，違法行為を事前に抑止しておきたいところです。事後的ですと，会社の利益が失われた後ですし，金銭の賠償等権利関係が複雑になります。

(4) 監査報告

監査役は，取締役の職務遂行に関し，不正の行為等があったときは，事実を記載しなければならない（施規129条1項3号）。

　これは所有者である株主へ向けての報告です。株主はこの報告をみて，取締役の選任について検討します。

(5) 株主総会での意見陳述

監査役は，株主総会において，監査役の選任もしくは解任または辞任について意見を述べることができる（会345条1項，4項）。

　監査役の選任もしくは解任または辞任について株主総会で意見を述べることにより，選任もしくは解任の議案に関する取締役会の決定に監査役の意向が反映されることを期待して設けられています。また，辞任した監査役については，辞任後最初に招集される株主総会に出席して，辞任した旨およびその理由を述べることができます。

第7章

監査役と
不正・企業不祥事

企業不祥事が発生した場合，監査役が責任を問われるケースが見受けられます。新任監査役の場合，"何をどこまですればよいのか"十分に把握できていないことも多いかと思われます。そのような状況の下，過酷な責任ばかりが脳裏をよぎるようでは，安心して職務を行うことができないでしょう。

　そこで，本章では，企業不祥事に対して，監査役が"何をどこまですればよいのか"，裏返していえば"何をどこまですれば"責任を負わずにすむのか，抽象論にとどめることなく検証を加えたいと思います。

　以下では，企業不祥事に対する監査役の職務の全体像を確認したうえで，実際に監査役の責任が問われた事件をもとに，監査役に求められる職務の具体的なイメージを描けるようにしたいと思います。

▶ 1. 企業不祥事と監査役の職務

（1）企業不祥事＝避けなければならないリスク

　企業活動には，さまざまなリスクがともないます。リスクを避けてばかりいたのでは，積極的な経営ができないことについては，ほぼ異論のないところでしょう。

　しかし，取締役による不正に代表される"企業不祥事"は，企業が絶対に避けなければならないリスクです。企業不祥事は，企業の信頼を損ない，大きなダメージを与えます。場合によっては，企業の今後の存続さえも，危ういものとしかねません。

　なお，企業活動にともなうリスクには，以下のようなものがあります。
- 不祥事：企業が起こした社会的信頼を損なう行為や出来事
　　　　　＝不正・法令違反・犯罪，欠陥商品，粉飾決算，情報漏洩等
- 財務：売上の減少，為替の変動，市場環境の激変等
- 災害等：地震，洪水，火災，システムトラブル，テロ等
- 収益拡大のためのチャレンジ：新規事業，海外進出，財務運用等

　企業不祥事に対するリスク管理は，企業が活動するうえで取り組むべき最重要課題の1つであるといえるでしょう。監査役は，こうしたリスク管理に対して，どのように関わっていくことが求められているでしょうか。

　リスク管理は，主に，「平常時における取組み」と「危機対応」とに大別されます。監査役も，この双方の場面で職務を尽くすことが求められます。以下，それぞれについて説明していきます。

（2）平常時における取組み

　企業不祥事は，"予防"できるものならそれに越したことはありません。そこで，企業不祥事の顕在化していない平常時において，監査役は，次の2点について監視・検証を行い，企業不祥事の防止に寄与することが期待されています。
　①取締役の職務執行の監視・検証
　②リスク管理体制（内部統制システム）の監視・検証
　以下では，それぞれについて説明していきます。

①　取締役の職務執行の監視・検証
　監査役は，日ごろから「取締役の職務執行に不正がないか」目を光らせることとなります。監査役による適切な監視・検証は，企業不祥事の抑止力として大いに機能することでしょう。この場合，次の3点が監視・検証のポイントとなります。
- 取締役による意思決定に問題はないか（取締役会や常務会・経営会議などにおける経営事項決定プロセス・決定内容に問題はないか）
- 取締役会の監督義務の履行状況に問題はないか（代表取締役や業務執行取締役による職務執行状況につき，取締役会がこれらを適切に把握し監督しているか）
- 一定の取引・手続において取締役に義務違反等の不正がないか

　最後の3点目について，特に，リスクの高い取引や，監査役監査基準（2022年8月1日最終改定）27条があげる次の取引・手続が重点的なチェック対象

となります。

- 競業取引
- 利益相反取引
- 無償の財産上の利益供与
- 親会社等・子会社・株主等との通例的でない取引
- 自己株式の取得・処分・償却手続
- 会社法第427条に定める責任限定契約
- 会社法第430条の2に定める補償契約
- 会社法第430条の3に定める役員等のために締結される保険契約

　監査役は，こうした監視・検証を行うにあたって，取締役会などに出席することはもちろん，必要と認められる場合は，自ら調査権（会381条2項以下）を行使して調査をします（たとえば，事前に不正が疑われる旨の情報が入った場合などが考えられます。なお，**170頁**の囲みも参照ください。）。そして，その結果を取締役会において報告したり（会382条），あるいは取締役に対する助言・勧告を行うなど，状況に応じた適切な措置を講じることが求められます。

②　リスク管理体制（内部統制システム）の監視・検証

　監査役は，「企業（取締役会や現場）が，不祥事の予防について日ごろから（平常時から）十分なリスク管理体制を構築して，これに基づく監視を行っているか」についても，監視・検証することが求められます。一定の規模をもった企業では，リスク管理体制（内部統制システム）の構築は必須です。

　この場合の監査役の具体的な監視・検証方法としては，以下の方法が考えられます。

- 経営トップなど関係者に対するヒアリングを実施する
- 現地での実態調査（マニュアルに従った手順で仕事がなされているか等）を行う
- アンケート調査（不正がないか，不正防止に向けた意識・取組状況等）を実施する

　なお，現地での実態調査やアンケート調査等は，内部監査部門と連携して行うことも考えられます。

　もちろん，こうしたヒアリング等の結果，企業のリスク管理体制の構築が不十分であると判断されるような場合は，速やかに改善を図るよう，取締役に助言・勧告しなければなりません。今日では，基本的には上場会社を対象としたものですが，日本取引所自主規制法人が「上場会社における不祥事予防のプリンシプル」を策定しており，こうしたプリンシプル等について取締役と共有できているとよいでしょう。

（3）危機対応

　どんなに"予防"に力を注いだところで，企業不祥事を完全にゼロにすることは困難でしょう。

　不幸にして企業不祥事が発生した場合，企業は「損害の拡大防止」と「信頼の回復」に向けて取り組むこととなります。ここでも，監査役は，企業の危機対応について，監視・検証することが求められます。

　具体的には，監査役監査基準27条がわかりやすく整理していますので，以下で引用します（なお，この他，日本取引所自主規制法人が策定した「上場会社における不祥事対応のプリンシプル」なども参照。）。

第28条
1．監査役は，企業不祥事（法令又は定款に違反する行為その他社会的非難を招く不正又は不適切な行為をいう。本条において同じ。）が発生した場合，直ちに取締役等から報告を求め，必要に応じて調査委員会の設置を求め調査委員会から説明を受け，当該企業不祥事の事実関係の把握に努めるとともに，原因究明，損害の拡大防止，早期収束，再発防止，対外的開示のあり方等に関する取締役及び調査委員会の対応の状況について監視し検証しなければならない。
2．前項の取締役の対応が，独立性，中立性又は透明性等の観点から適切でないと認められる場合には，監査役は，監査役会における協議を経て，取締役に対して当該企業不祥事に対する原因究明及び再発防止策等の検討を外部の独立した弁護士等に依頼して行う第三者委員会（本条において「第三者委員会」という。）の設置の勧告を行い，あるいは必要に応じて外部の独立した弁護

士等に自ら依頼して第三者委員会を立ち上げるなど，適切な措置を講じる。

3．監査役は，当該企業不祥事に対して明白な利害関係があると認められる者
を除き，当該第三者委員会の委員に就任することが望ましく，第三者委員会
の委員に就任しない場合にも，第三者委員会の設置の経緯及び対応の状況等
について，早期の原因究明の要請や当局との関係等の観点から適切でないと
認められる場合を除き，当該委員会から説明を受け，必要に応じて監査役会
への出席を求める。監査役は，第三者委員会の委員に就任した場合，会社に
対して負っている善管注意義務を前提に，他の弁護士等の委員と協働してそ
の職務を適正に遂行する。

ただ，実際に企業不祥事が発生すると，相当な混乱も予想されます。監査
役としては，平常時から，危機管理マニュアルなどを整えておき，対応を確
認しておくよう，取締役に助言・勧告しておくことも考えられます。

以上，企業不祥事に対する監査役の取組みをまとめると，次のようになり
ます。

（1）平常時における取組み
　①取締役の職務執行の監視・検証
　②リスク管理体制の監視・検証

　〈企業不祥事（危機）の発生〉

（2）危機対応
　事実関係の把握，企業による「損害の拡大防止」と「信頼の回復」に向けた
取組みの監視・検証，第三者委員会の設置の勧告等

2. 監査役が責任を問われないための対応

これまでは，「企業不祥事に対する監査役の職務の全体像」について述べ
てきました。

ここからは，実際に監査役の責任が問われた事件をとりあげつつ，監査役
に求められる職務の具体的なイメージを求めていこうと思います。

（1）監査役が責任を問われる具体的なケース

　実際の事件をとりあげる前に，まずは，企業不祥事が発生した際に監査役が責任を問われるケースとして，具体的にどのような場合が考えられるか確認したいと思います。

　監査役が責任を問われるケースとしては，次の３つの場合を指摘することができるでしょう。

　①監査役が，取締役とともに不正を働いた場合

　②監査役が，取締役に不正があることを見逃した場合

　③監査役が，取締役の不正を知りつつ黙認あるいは放置した場合

　このうち，①のケースは論外といえるでしょう。自ら不正に加担した場合に，責任を問われるのは当たり前のことです。監査役が，通常注意すべきは，②③のケースです。この②③のケースについて，実際の事件を例にとりあげて検証を加えることとします。

（2）取締役に不正があることを見逃した場合（②のケース）

　監査役は，取締役の職務執行を監視・検証する職責を担っていますから，取締役の不正を見逃した場合，責任を問われてしまうことがあります（善管注意義務違反。見逃した責任なので，監視義務違反ともいわれます。）。

　不正を見逃して責任が問われたケースとして，次の**実例1**をご覧ください（なお，この実例は，農業協同組合の監事に関わるものですが，株式会社の監査役についても同様に考えられるでしょう。）。

実例1

最高裁H21・11・27判決（裁判所WEB掲載判例）

〈事件の概略〉

　本件は，某農業協同組合（以下，組合）の元代表理事が，理事会に虚偽の説明をして堆肥センターの建設事業を進めたことにつき，元監事が，監視義務違反の責任を問われたものです。

　元代表理事は，補助金の交付を受けて（組合の資金的負担のない形で）堆肥センターの建設事業を進めると理事会に説明していましたが，実際に補助金の交付申請をしたことはありませんでした。元代表理事は，「補助金が出るまでの立替え」などとして，組合の資金を使って用地を購入のうえ，なし崩し的に建設工事を実施に移したものの，最終的には資金調達のめどが立たず，同事業は中止されました。この結果，組合は，合計で5689万4900円の損害（用地の売買契約解消に伴う清算費用等の損害）を被りました。

　本件の元代表理事の行為が善管注意義務に反したものであることは疑いないとして（元代表理事は，このほかに業務上横領を働いたとして，5億円の賠償を命じられています。），問題は，「元監事が，監視義務違反の責任を負うこととなるか」です。

　なお，元代表理事の理事会における発言は次のようなものでした（日付は理事会開催日）。

平成13年1月25日　公的な補助金の交付を受けることにより，組合自身の資金的負担のない形で堆肥センターの建設事業を進める。

同　年8月31日　農林水産省は（補助金の交付を）決定しても来年です。方向転換してB財団へ働き掛けたわけです。心配いりません。少しでも負担が必要であれば実施しません。

※補助金の交付申請先として，B財団の名前はそれまでの説明

には出ていなかった模様。また，申請内容に関する具体的な
説明もなされなかった模様。

平成14年4月26日　補助金が出るまでの立替えとして，堆肥センター用地
と代替地の費用について，1500万円の限度で組合が資
金を支出することを承認願いたい。

　最高裁は，以上の事実関係を踏まえて，次のように判示しています。

【裁判所による判断】

> 　以上のような元代表理事の一連の言動は，同人に明らかな善管注意義務違反
> があることをうかがわせるに十分なものである。
> 　そうであれば，元監事は，組合の監事として，理事会に出席し，代表理事の
> 上記のような説明では，堆肥センターの建設事業が補助金の交付を受けること
> により組合自身の資金的負担のない形で実行できるか否かについて疑義がある
> として，代表理事に対し，補助金の交付申請内容やこれが受領できる見込みに
> 関する資料の提出を求めるなど，堆肥センターの建設資金の調達方法について
> 調査，確認する義務があったというべきである。
> 　しかるに，元監事は，上記調査，確認を行うことなく，元代表理事によって
> 堆肥センターの建設事業が進められるのを放置したのであるから，その任務を
> 怠ったものとして，組合に対し，……損害賠償責任を負うものというほかはない。

※下線は筆者によるものです。また，「上告人」等の訴訟用語は適宜書き換えています。
　以下の実例でも同じとします。
※元監事には，損害の一部として1000万円の賠償が命じられています。

　最高裁が元監事の監視義務違反を結論付けた前提として，元代表理事の一
連の言動を「明らかな善管注意義務違反があることをうかがわせるに十分な
もの」と評価している点が注目されます。本件では，「ささいな見落とし」
とは言い訳できない「不正の兆候」が認められたということでしょう。

「不正を見逃さない」ということは，なかなか難しいことです。不正は，堂々と行われるものではなく，バレないように秘密裏に行われるものです。監査役が，取締役の職務執行を逐一監視し，詳細を一から精査していなければ，「見逃し」についての責任を免れないとされたのでは，監査役にとってあまりにも酷であると考えられます。この点，**実例1**では，「ささいな見落とし」とは言い訳できない「不正の兆候」が認められています。

　次の実例は，こうした「不正の兆候」が認められず，監査役の責任が否定されたものです。

実例2

東京高裁H20・5・21判決（判タ1281号274頁）

〈事件の概略〉

　本件は，金融機関ではない，通常の事業会社で発生したデリバティブ取引にかかわるものです。

　この会社の当時の副社長兼管理本部長が，会社の内規（想定元本の限度額規制）に違反してデリバティブ取引を行い，会社に533億円強の損害が生じたというものです。

　ご紹介する裁判例は，この会社の株主が，内規に違反してデリバティブ取引を行った副社長のほか，当時の社長や他の取締役，常勤監査役を被告として提起した株主代表訴訟の控訴審におけるものです。

　訴えを提起した株主は，監査役等に対する責任（善管注意義務違反）について，主に次のような主張をしていました。

【株主による監査役の善管注意義務違反の主張】

　①本件デリバティブ取引の内容，実態について適切な調査，検討を行わなかった

　②不十分なデリバティブ取引のリスク管理体制を維持し続けたまま，副社長のデリバティブ取引の実施を承認し，継続させた

（i）リスク管理体制と監査役の責任

裁判所は，監査役の責任について，まず次のとおり判示しました。

> 監査役は，…取締役の職務執行の状況について監査すべき権限を有することから，上記リスク管理体制（注：デリバティブ取引のリスク管理体制）の構築及びこれに基づく監視の状況について監査すべき義務を負っていると解される

　本章においてすでに述べたところですが，平常時において，監査役は，「リスク管理体制の構築及びこれに基づく監視」の状況について，監視・検証することが求められています（**168頁**以下）。このことは，この裁判例においても，明確に確認されているところです。

ところで，この会社では，デリバティブ取引による不測の損害を回避するために，社内で「想定元本の限度額規制」を設けていたほか，次のようなリスク管理体制を構築し，監督を強化していました。

実例2の会社における【リスク管理体制】

- 資金運用チームは，デリバティブ取引について，個別契約の締結・解約・条件変更ごとに，取引の種類・想定元本額等を記載した個別取引報告書を作成する
- 同報告書に契約書の写しを添付して，社長直轄の監査室に提出する
- 監査室は，同報告書について，想定元本額の増加等の異常な取引がないかを中心に監査し，毎月1回，調査資料および個別取引報告書を監査役に対して交付・報告する

　裁判所は，このような会社のリスク管理体制に対して，次のように判示しました。

【裁判所による判断】

> 　このようなリスク管理体制は，確かに金融機関を対象に，大蔵省金融検査部が平成6年11月に発表した「デリバティブのリスク管理体制の主なチェック項目」…には劣るものの，<u>他の事業会社</u>において採られていたリスク管理体制に劣るようなものではなかったということができる。…<u>当時の知見を前提にすると，</u>会社においては，相応のリスク管理体制が構築されていたといえるのであって，この点に関する監査役等の善管注意義務違反は認められないというべきである。

　ここでは，リスク管理体制の構築に関する監査役等の責任（善管注意義務違反）の判断基準として，「当時の知見」と「他の事業会社（以下では，「同業他社」と読み替えます。）との比較において見劣りのなかったこと」が示されていることを確認しておきましょう。

　リスク管理体制は，時の経過とともに精緻なものへと進化していくことが考えられますので，「判決現在の知見」に基づいて判断されると，酷な結果に

もなりかねません。そこで，「当時の知見」に基づいた判断がなされるのです。

　また，「同業他社との比較において見劣りのなかったこと」という点については，後ほど，別の判例と照らし合わせてコメントしたいと思います。

（ⅱ）見逃しと監査役の責任

　次に，監査役にリスク管理体制の監視・検証について責任が認められなかったとしても，副社長による想定元本の限度額規制違反を「見逃した点」について，責任を問われる余地は残ります（監視義務違反）。すでに述べたとおり，平常時において，監査役には，「取締役の職務執行（一定の取引・手続等）の監視・検証」が求められているのです（**167頁以下**）。

　裁判所は，この点について，次のように判示しています。

【裁判所の判断】

> 　本件監査役は…副社長が行っていた本件デリバティブ取引について，事後的なチェックをする職責を負っていたものであるが，…個別取引報告書の作成や調査検討を行う下部組織等（資金運用チーム・監査室等）が適正に職務を遂行していることを前提として，監査室等から特段の意見がない場合はこれを信頼して，個別取引報告書に明らかに異常な取引がないか否かを調査，確認すれば足りたというべきである。
>
> 　ところが，副社長の想定元本の限度額規制の潜脱は，隠れレバレッジなどのレバレッジを掛けて，表面上想定元本の限度額規制を遵守したかのように装って，実質的にこれを潜脱するという手法で行われたものであり，監査室からも，本件監査法人からも特段の指摘がなかったのであるから（なお，そこから挙ってくる報告に明らかに不備，不足があり，これに依拠することに躊躇を覚えるというような特段の事情があったとは認めがたい。），金融取引の専門家でもない本件監査役…がこれを発見できなかったとしてもやむを得ないというべきで，副社長の想定元本の限度額規制違反を発見できなかったことをもって善管注意義務違反があったとはいえない。

　このとおり，リスク管理体制が構築されている会社では，監査役は，取締役の職務執行（一定の取引・手続等）の監視・検証を行う際，原則として，

当該リスク管理体制に基づく監視の結果あがってきた報告を信頼してよいのです。そして，監査役は，その報告に基づいて「明らかに異常な取引がないか否かを調査，確認すれば足りる」こととなるのです。

「見逃したことの責任」などといわれると，"何をどこまですればよいのか"不安を抱くかもしれませんが，裁判所はこのとおり，監査役に対して，決して無理なことは求めていないことが理解できるでしょう。

以上をまとめると，次のようになります。

「リスク管理体制の構築及びこれに基づく監視」が十分に行われている

↓

監査役
　原則：リスク管理体制に基づく監視の結果あがってきた報告を前提に，明らかな異常がないかを調査・確認すれば足りる
　例外：あがってきた報告に明らかな不備・不足があり，依拠することに躊躇を覚える場合　→監査役として独自の調査・確認要

実例2から，「リスク管理体制の構築及びこれに基づく監視」の状況が重要であることは理解できるでしょう。監査役も，平常時から，この点について十分に監視・検証しておくことが必要です。

なお，**実例2**の裁判例では，リスク管理体制のレベルについて，「同業他社と比較して劣っていない」という判断基準が示されていました。次の**実例3**では，最高裁の判例をもとに，この点をもう少し掘り下げてみたいと思います。

コラム

最判令和3・7・19（裁判所WEB掲載判例）について

　2021（令和3）年に，監査役の見逃しについて，注目すべき最高裁の判決が出ました。事案は，会社（非上場会社で，会計監査人非設置会社）の経理担当者が，2007（平成19）年から2016（平成28）年までの間，会社名義の当座預金口座から自己名義の預金口座に送金を繰り返し，合計で2億円以上を横領したというものです。この経理担当者は，当該送金を会計帳簿に計上しなかったため，会計帳簿上の会社の口座残高と実際の残高との間に相違が生じていました。経理担当者は，横領の発覚を防ぐため，会社の口座の残高証明書を偽造するなどしていたということです。

　この会社の監査役（注：会計限定監査役（会社法389条）でした。）は，平成19年から平成24年までの各決算期において，経理担当者から提出された残高証明書が偽造された写し（平成19年はカラーコピーで偽造された写し，平成20年からは白黒コピーで偽造された写し）であることに気づかないまま，これと会計帳簿とを照合し，さらに計算書類やその附属明細書（以下，計算書類等）に表示された情報が会計帳簿に合致していることを確認し，監査における適正意見を表明していました。

　横領発覚後，会社は，監査役の任務懈怠により横領の発見が遅れて損害が生じたと主張して，この監査役を訴えました。原審（東京高判令和元・8・21）は，「会計限定監査役は，会計帳簿の内容が計算書類等に正しく反映されているかどうかを確認することを主たる任務とするものであり，計算書類等の監査において，会計帳簿が信頼性を欠くものであることが明らかであるなど特段の事情のないかぎり，計算書類等に表示された情報が会計帳簿の内容に合致していることを確認していれば，任務を怠ったとはいえない。」と判示し，会社の請求を棄却しました。

　これに対して，最高裁は，以下のように判示して原審判決を破棄しています。すなわち，「計算書類等が各事業年度に係る会計帳簿に基づき作成されるものであり，会計帳簿は取締役等の責任の下で正確に作成されるべきものであるとはいえ，監査役は，会計帳簿の内容が正確であることを当然の前提として計算書類等の監査

を行ってよいものではない。監査役は，会計帳簿が信頼性を欠くものであること
が明らかでなくとも，計算書類等が会社の財産及び損益の状況を全ての重要な点
において適正に表示しているかどうかを確認するため，会計帳簿の作成状況等に
つき取締役等に報告を求め，又はその基礎資料を確かめるなどすべき場合がある
というべきである。そして，・・・以上のことは会計限定監査役についても異な
るものではない。・・・そうすると，会計限定監査役は，計算書類等の監査を行
うに当たり，会計帳簿が信頼性を欠くものであることが明らかでない場合であっ
ても，計算書類等に表示された情報が会計帳簿の内容に合致していることを確認
しさえすれば，常にその任務を尽くしたといえるものではない。・・・原判決は
破棄を免れない。」。そして，最高裁は，当該監査役が任務を怠ったか否かさらに
審理を尽くして判断する必要があるとして，本件を原審に差し戻しています。

この事案自体は，会計限定監査役の責任が問われたものですが，判決の書きぶ
りからすると，この論旨は会計監査人を置かない会社の監査役全般に及ぶと考え
てよいでしょう。この最高裁判決は，本文の**実例2**の判決と比べて厳しいように
思われますが，資産（預金）の実在性が問題となった事案であり，かつ，この会
社の経理組織やリスク管理体制が**実例2**の会社と比較して不十分であったとなると，
こうした判断に至ることもやむを得ないように思われます。

残念ながら，最高裁は本件を原審に差し戻しているため，本件監査人にどこま
での監査を合理的に期待することができたのか明らかにされていません。なお，原々
審（千葉地判平成31・2・21）は，本書をはじめとする監査役に関係する複数の文
献を引用しつつ，資産の実在性に関する監査の重要性が極めて高いことを指摘し
ているので付言しておきます（本書**79頁**は，流動性の高い預金・現金においては
不正リスクが高く，預金証書などの現物を確かめることを推奨しています。）。

実例3

最高裁H21・7・9判決（裁判所WEB掲載判例）

〈事件の概要〉

　本件は，ソフトウェアの開発・販売会社の営業部長が，営業成績を上げる目的で，部下に指示して架空の売上げを計上させたため，会社の有価証券報告書に不実の記載がされたというものです。

　その後，こうした事実が公表されて会社の株価が下落したことについて，公表前にこの会社の株式を取得した株主が，会社に対して損害賠償を請求したというものです（法律上の根拠としては，最高裁にて会社法350条に基づくものと整理されています）。

　株主の主張は，「会社の代表取締役に，従業員らの不正行為を防止するためのリスク管理体制を構築すべき義務に違反した過失があり，その結果自分が損害を被った」などというものです。

　本件は，監査役を被告とした訴訟ではないですが，「不正行為防止のためのリスク管理体制構築義務違反」が争点とされていますので，ご紹介するものです。

　最高裁の認定したところによると，この会社は，架空売上げを防止するために，次のような体制を構築していました。

【架空売上防止の体制】

①職務分掌規定等を定めて，「事業部門」と「財務部門」を分離していた

②C事業部（架空売上げ計上を指示した営業部長の所属していた事業部。同営業部長は，C事業部の部長も兼務していた。）について，「営業部」とは別に注文書や検収書の形式面の確認を担当する「BM課」およびソフトの稼動確認を担当する「CR部」を設置し，それらのチェックを経て財務部に売上報告がされる体制を整えていた

③監査法人との間で監査契約を締結し，当該監査法人および会社の財務部が，それぞれ定期的に販売会社（売掛先）あてに売掛金残高確認書の用紙を郵送し，その返送を受けるという方法で売掛金残高を確認することとしていた

　では，営業部長の指示を受けた部下の営業社員らは，どのような方法でこうした体制を潜り抜け，架空の売上げを計上したのでしょうか。判例を読むうえで理解しておくとよいため，記述しておきます。

【営業社員らの不正行為】（平成12年９月以降に行われていた）
上記①②の体制に対して

- 販売会社（売掛先）の偽造印を用いて注文書等を偽造してＢＭ課に送付
- →ＢＭ課では偽造に気付かずに，そのまま財務部に売上げ（架空のもの）を報告した
- 本来ＣＲ部が作成するべき「納品・稼動確認」の資料も勝手に作成

上記①③の体制に対して

- 監査法人および財務部が販売会社あてに郵送した売掛金残高確認書について
- →販売会社に対して，「送付ミスであるから引き取りにいくまで開封せずに持っていてほしい」と申し向けてこれを回収

↓

回収後，「架空の売上げに対応する売掛金残高」を記入して偽造印を押印した同確認書を監査法人または財務部に送付
- →財務部および監査法人は，偽造された確認書（もちろん，財務部・監査法人ともに偽造には気付いていない）において会社の売掛金額と販売会社の買掛金額が一致していたため，架空売上げ債権に気付かず，これを正常債権と認識していた

　このとおり，営業社員らは，実に巧妙な手口によってリスク管理体制を潜り抜けていたことがわかります。ただ，こうした不正も，結局は平成16年

12月頃に発覚することとなったのです（ちなみに，不正を指示した営業部長は懲戒解雇，その後刑事告発され有罪判決を受けています。）。

　最高裁は，当該会社の構築していたリスク管理体制を先のとおり（**181頁**以下）認定したうえで，次のように判示しました。

【裁判所の判断】

> （会社は，）通常想定される架空売上げの計上等の不正行為を防止し得る程度の管理体制は整えていたものということができる。そして，本件不正行為は，…通常容易に想定し難い方法によるものであったということができる。また，本件以前に同様の手法による不正行為が行われたことがあったなど，当該会社の代表取締役において本件不正行為の発生を予見すべきであったという特別な事情も見当たらない。…財務部が，営業部長らによる巧妙な偽装工作の結果，販売会社から適正な売掛金残高確認書を受領しているものと認識し，直接販売会社に売掛金債権の存在等を確認しなかったとしても，財務部におけるリスク管理体制が機能していなかったということはできない。
>
> 　以上によれば，会社の代表取締役に，営業部長らによる本件不正行為を防止するためのリスク管理体制を構築すべき義務に違反した過失があるということはできない。

　このとおり，最高裁は，「通常想定される不正行為を防止し得る程度の管理体制」を整えておけば，原則として，リスク管理体制構築義務違反による過失（責任）は認められないことを明らかにしています。「通常容易に想定し難い方法」「巧妙な偽装工作」すべてを見抜き，不正を防止することは不可能といえるでしょう。

　なお，ここで最高裁のいうところの「通常想定される不正行為を防止し得る程度」とは，**実例2**の裁判所がいうところの「同業他社と比較して劣っていない」とほぼ同義と考えてよいように思われます。

　監査役は，リスク管理体制について監視・検証した結果，「通常想定される不正行為を防止し得る程度」あるいは「同業他社と比較して劣っていない」

と判断される場合，リスク管理体制構築義務違反（善管注意義務違反）の責任を負うことはないのです。

　以上をまとめると次のとおりとなります。

求められるリスク管理体制のレベル

　原則：通常想定される不正行為を防止し得る程度の管理体制（同業他社と比較して劣らない管理体制）の構築で足りる

　例外：不正行為の発生を予見すべき特別な事情が存在する場合（例：本件以前に同様の手法による不正行為が行われたことがあったなど）

↓

その予見に基づき，通常より高度な管理体制の構築が求められる

（3）取締役の不正を知りつつ黙認あるいは放置した場合（③のケース）

　不祥事の発生につき監査役が責任を問われるケースとして，「取締役に不正があることを見逃した場合」のほか，「取締役の不正を知りつつ黙認あるいは放置した場合」が考えられるのでした（**171頁（1）③**）。これからは，後者，すなわち「監査役が取締役の不正を知りつつ黙認あるいは放置した場合」について，みてみましょう。

　不正を知った以上，監査役として何らかのアクションを起こすべきことは当然のことと考えられます。本章では，すでに監査役監査基準28条をご紹介しました（**169頁**以下）。

　しかし，実際に企業不祥事が発生すると，なかなか冷静な対応は難しいうえ，今後の対応について社内でさまざまな意見が出され，ときには対立することもあるでしょう。

　以下では，失敗例と考えられる実例をもとに，どういう発想が危険なのか，どのような視点をもって企業不祥事に向き合うべきなのか，検証を加えたいと思います。

　ご紹介するのは，次の実例です。

大阪高裁H18・6・9判決（判タ1214号115頁）

〈事案の概要〉

　本件は，代表取締役，取締役，さらには監査役を相手として起こされた代表訴訟です。

　本件では，次のような不祥事が発生しました。すなわち，当該会社の運営する料理飲食店舗で販売した肉まんに，販売が許されていない添加物が含まれていました。取引業者の指摘により，当該会社の取締役のうち2名がこれを知ることとなり，問題の肉まんは製造中止とされましたが，在庫については販売が継続され，完売となりました。なお，取締役2名は，指摘した取引業者に対して，口止め料として総額6300万円を支払っています。

　本件で訴えられた監査役は，肉まんの完売から半年以上が経過した段階で，以上の事実を知ることとなりました。その後，会社は調査委員会を発足させ，その調査結果に基づいて，販売継続を決定した取締役2名を処分しました（1名については，取締役退任後締結していた顧問契約を解除。もう1名については，取締役辞任を受理）。

　しかし，「肉まんの販売を継続したこと」については，主要な役員の間で「自ら積極的には公表しない」との方針決定がなされ，取締役会においても，その方策について明示的な決議がなされたわけではないものの，当然の前提として了解されていたというものです。

　なお，訴えられた監査役は，この取締役会に出席していました（ことさら反対を唱えなかったようです）。

　本件では，肉まんの販売継続について「自ら積極的には公表しない」としたことに対して，裁判所がどういう評価をしたのか，ご確認いただきたいと思います。あわせて，こうした方策が了解されていた取締役会に出席していた監査役の責任についても，ご確認いただければと思います。

　ちなみに，すでにご紹介した監査役監査基準28条1項ですが，企業不祥事

が発生した場合の監査役の監視・検証対象として「対外的開示のあり方」を
あげています。今日において,「対外的開示のあり方」は,危機対応におけ
る重要ポイントの1つと考えられています。

　なお,本件は,後に匿名通報によって保健所が立入検査をしたことをきっ
かけとして,マスコミによって大きく報道され,会社の信頼は著しく傷つき,
大きな損害が発生することとなってしまいました。

　ただ,本件を冷静に眺めてみると,混入していた添加物による健康被害は
通常では考えられなかったようで(この添加物は,アメリカほか十数ヵ国で
使われているものです。),しかも混入量はごくわずかなものでした。そのう
え,監査役が本件混入の事実を知ったのは,肉まん完売から半年後(要する
に,肉まんが,消費者によってすべて食べられたであろう時からかなりの時
間が経過した後)だったのです。

　そうすると,本件監査役のみならず,誰しもが,次のような発想をしてし
まうことがあり得るのではないでしょうか。

公表しなかった場合の不都合
　　＝消費者の健康被害　→しかし,考えられない・実際耳にしていない
　　＝商品回収や官庁への届出　→今となっては不可能・無意味

公表した場合の不都合
　　＝消費者からの非難　→免れない
　　＝食品販売事業を営む企業としての信頼　→損ねることが明らか
　　　　　　　　　　　　　　↓
ことさら隠蔽するつもりもないが,自ら積極的に公表しなくてもよいだろう

　皆さんはいかがでしょうか。「自分もこのような判断をするだろう」など
と思った方はいらっしゃらないでしょうか。しかし,現在では,こうした発
想は危険なのです。何か"決定的な見落とし"はなかったか,考えていただ
きたいと思います。

この点について，裁判所は，次のように判示しました。

【裁判所の判断】

> 　しかし，それは（注：自ら積極的には公表しないとの方策を了解したこと），本件混入や本件販売継続等の事実が最後まで社会に知られないで済んだ場合の話である。いわば知られないで済む可能性に賭けたともいえる。
> …それは，本件混入や販売継続及び隠ぺいのような重大な問題を起こしてしまった食品販売会社の消費者及びマスコミへの危機対応として，到底合理的なものとはいえない。

　最近の企業不祥事は，ほとんどが"通報"によって発覚しています。そして，通報は，現在一定の評価を受けており，今後も不祥事を明るみにする手段として活用されることでしょう。そうだとすると，裁判所のいうところの「知られないで済む可能性に賭けた」との指摘は，実に重みがあるように思われます。

　つまり，「自ら積極的には公表しない」との方策には，「通報によって知られる可能性がある」，そして「知られることとなったらどうなるか」という視点が欠けているように思えてならないのです。過去の企業不祥事においても，「自ら公表しないまま知られることとなったらどうなるか」という視点が欠落していたと思われるケースが，実に多いのではないでしょうか。

　確かに，"公表"すれば，それなりの非難を浴びることとなるでしょう。しかし，公表せずに"隠蔽した"と疑われた場合，それにも増して企業は大きなダメージを被ることとなるのです。最悪のケースとして，存亡の危機に見舞われることもあるかもしれません。この点については，ぜひとも肝に銘じておいていただきたいと思います。

危機対応における視点①
自ら公表しないまま知られることとなった場合のリスクを想定する

　さらに，もう１つ，ぜひとも忘れてほしくない視点があります。裁判所の次の判示をご確認ください。

【裁判所の判断】

> …それ（注：事実を伏せたまま販売を継続したという不祥事）に対応するには，過去になされた隠ぺいとはまさに正反対に，自ら進んで事実を公表して，既に安全対策が取られ問題が解消していることを明らかにすると共に，隠ぺいが既に過去の問題であり克服されていることを印象づけることによって，積極的に消費者の信頼を取り戻すために行動し，新たな信頼関係を構築していく途をとるしかないと考えられる。

　裁判所はこのように判示したうえで，「自ら積極的には公表しない」という方策を了解した取締役８名（監査役と同様に，肉まんの完売から半年後に事情を知った取締役）について，責任（善管注意義務違反）を認めました。また，監査役についても，「自ら上記方策の検討に参加しながら，以上のような取締役らの明らかな任務懈怠に対する監査を怠った」として，やはり責任（善管注意義務違反）を認めました（ちなみに，認定された賠償額は，９名の連帯で２億1122万円でした。）。

　この裁判所の判断に対しては，「会社のことを思えば，公表に踏み切れないこともやむを得ないのではないか」，「会社のためを思っての判断について，本当に責任を問われてしまうのか」という意見や疑問をもたれる方もいらっしゃるかもしれません。確かに，そうした意見や疑問は，無理からぬもののようにも思われ，だからこそ，危機対応は難しいものなのだと実感します。

　ただ，ここでも過去の企業不祥事を振り返っていただきたいと思います。過去の企業不祥事でも，「会社のため」を思って不正を隠蔽したケースはいくらでもあるのです。しかし，こうした"思い"は，結果として会社に利益をもたらしてきたでしょうか。

　ひるがえって考えてみると，そもそも「会社のため」とは何なのでしょう

か。「経営者や従業員のため」ということなのでしょうか。もし，そうだとするなら，次の点はどう考えるべきでしょうか。すなわち，会社を取り巻くステークホルダーは，経営者や従業員だけではありません。消費者など，重要なステークホルダーはほかにもいます。**実例4**のようなケースで，「消費者」というステークホルダーの目線に立って危機対応を考える必要はないでしょうか。消費者は，混入していた異物に健康被害は考えられないとの一事をもって，「自ら積極的に公表しない」という会社の方針に納得するでしょうか。こうした点を踏まえて，**実例4**の裁判例では，「積極的に消費者の信頼を取り戻すために行動し，新たな信頼関係を構築すべし」と判示しているのだと考えます。

> **危機対応における視点②**
> 経営者や従業員以外のステークホルダー（消費者や投資家など）の目線を忘れない

　なお，最後となりますが，**実例4**において，仮に監査役が「自ら積極的には公表しない」という方策に問題があると考えたとして，では，監査役は"何をどこまで"行えばよかったのでしょうか。取締役会で反対の意見を述べれば足りたのか，あるいはそれ以上の何か積極的な行動までが求められたのでしょうか。

　この点については，裁判所は判断を示しておらず，確かなことは言い切れません。ただ，このようなケースでは，監査役監査基準28条に従って，「第三者委員会」の設置の勧告などがなされてよかったのではないでしょうか。

　実例4の会社では，調査委員会を発足させて事実調査を行っていますが，「対外的開示のあり方」等も含めて，外部の独立した第三者委員会を設置して，意見を求めるなどするとよかったと考えられ，今日では，むしろそのような対応が一般的であると思われます。

第**8**章

監査役と内部統制，コーポレート・ガバナンス

監査役と監査を語るうえで"内部統制"と"コーポレート・ガバナンス"という2つのキーワードは欠かせません。

会社法では内部統制システムの監査は監査役の主要な職務の1つと位置づけられています。また，金融商品取引法の財務報告に係る内部統制報告制度（以下，内部統制報告制度）においては，監査役は統制環境の主要機能の1つとされています。さらにコーポレート・ガバナンスにおいては，監査役がその確立のためのキーマンであると考えられています。

したがって，内部統制およびコーポレート・ガバナンスと監査役の関係を知ることは，監査役にとっては非常に重要なことであり，必須事項であると考えられます。

本章では，内部統制およびコーポレート・ガバナンスと監査役の関係について，監査役の皆さんに知っておいていただきたい重要ポイントを説明していきます。

1. 会社法で定める監査役の内部統制の監査

（1）会社法における内部統制システム

会社法における内部統制システムとは，大会社の取締役会が整備すべき「会社の業務の適正を確保するための体制」のことであり，以下の6つの項目で構成されています。

① 取締役および使用人の職務の執行が法令および定款に適合することを確保するための体制

② 取締役の職務の執行に係る情報の保存および管理に関する体制

③ 損失の危険の管理に関する規程その他の体制

④ 取締役の職務の執行が効率的に行われることを確保するための体制

⑤ 会社ならびにその親会社および子会社から成る企業集団における業務の適正を確保するための体制

⑥ 監査役監査の実効性を確保するための体制

　大会社の取締役会は内部統制システムの整備について決定しなければならないとされています。これに対して，監査役会はこの決定・決議の内容が相当でないと認めるときは，その旨および理由を監査報告に記載しなければなりません。

　また，内部統制システムに関する事業報告の記載内容が著しく不適切と認められるとき，または，内部統制システムの構築・運用の状況において，取締役の善管注意義務に違反する重大な事実があると認めたときには，それぞれその旨を監査役の監査報告に記載することになります。

(2) 内部統制システムと監査役の監査

　上記（1）では，会社法の内部統制システムの概要について説明しました。

　ここでは，監査役が内部統制システムを監査するにあたって実際に留意すべき事項をもう少し詳細にみていきましょう。

① 取締役および使用人の職務の執行が法令および定款に適合することを確保するための体制の監査

　この項目では，監査役は「法令・定款違反および法令等遵守体制」についての監査を実施します。

　法令・定款違反および法令等遵守体制の監査は，取締役等の法令・定款違反等はないか，法令等遵守体制の整備（構築・運用）に問題はないか，善管注意義務・忠実義務違反はないかなどを監査することであり，監査役の最も基本的かつ重要な任務だといえます。法令等遵守体制の監査で実施すべき項目の例示および留意点は**図表8－1**のとおりです。

図表8-1　法令等遵守体制の監査項目

項目	留意点
企業風土	風通しに問題はないか。隠ぺい体質はないか。法令遵守に対するトップの姿勢と認識はどうか。
取締役の善管注意義務・忠実義務違反	取締役は意思決定・業務執行において法令・定款を遵守しているか。取締役会は適切に運営され，監督義務を果たしているか。競業取引，利益相反取引や関連当事者取引は適切に承認・報告されているか。
体制・組織	法令・定款遵守のための担当役員・組織・委員会などの体制は機能しているか。法令・定款違反の場合の処分は規程化されているか。
関係法令等の把握・周知・徹底	関係法令等の制定改廃を適時に把握・周知するための仕組みは確立されているか。
法令違反等の問題発生状況	使途不明金や聖域などがないか。セクハラ・パワハラなどの労務問題は起きていないか。下請会社に無理を押しつけていないか。
モニタリングの体制・仕組み	問題発生時の監査役，取締役会，関連委員会等への適時適切な報告はされているか。内部通報制度は機能しているか。

②　取締役の職務の執行に係る情報の保存および管理に関する体制の監査

　この項目では，監査役は「情報保存管理体制および企業情報開示体制」についての監査を実施します。

　情報保存管理の対象となる重要書類・情報は，業務上の必要性に加えて，取締役の職務執行の適切さを証明する証拠となるべきものが含まれます。したがって，その整備・保存・管理や開示の状況など，情報保存管理体制の監視・検証をすることは，監査役の基本的かつ重要な任務の1つであるといえます。情報保存管理体制および企業情報開示体制の監査で実施する項目の例示および留意点は**図表8-2**のとおりです。

図表8－2　情報保存管理体制の監査項目

項目	留意点
重要書類および情報の作成・保存・管理	情報管理に関する方針や規程の整備状況及び従業員への周知は適切か。
法令や規則要求書類の提出体制	法令等の要求書類を適時適切に開示・提出する体制や規程は整備されているか。 法定備置書類への対応は適切か。
個人情報・機密情報	左記情報に対するアクセス・セキュリティの制限は適切か。
重要書類のファイル	重要書類は適切にファイルされ，施錠できる場所で保管しているか。 重要書類保管場所への入退室管理は適切か。
情報システムの災害等危機対応	システムやデータが壊滅した場合のバックアップ体制は十分か。
情報保存管理体制，企業情報開示体制	監視・評価・是正などのモニタリング体制は十分か。

③　損失の危険の管理に関する規程その他の体制の監査

　この項目では，監査役は「損失危険（リスク）管理体制」についての監査を実施します。損失危険（リスク）管理は，企業において不祥事や災害などのリスク要因を事前に特定・評価し，対応策を講じて，影響や損害を極小化するための仕組みをいいます。そのため，企業の健全で持続的な成長を確保するためには不可欠なものであり，損失危険（リスク）管理体制を監視・検証することは監査役にとっても重要な任務の1つであるといえます。

　損失危険（リスク）管理体制の監査で実施する項目の例示および留意点は**図表8－3**のとおりです。

図表 8 - 3　リスク管理体制の監査項目

項目	留意点
企業風土	トップのリスク管理に対する認識はどうか。
体制・組織	取締役会，リスク管理委員会の審議状況は適切か。リスク管理規程等は整備・周知・徹底されているか。
リスクの特定・評価・対応の状況	リスク管理対応のための年度計画は制定しているか。 重大なリスクが特定され，環境変化に応じて見直されているか。 リスクの評価と対応策，リスク管理方法は適切か。
危機発生対策	対策本部の体制，指揮命令系統，連絡網等が整備されているか。 危機対応マニュアルは作成されているか。
災害発生時対応	災害対策訓練を実施しているか。

④　取締役の職務の執行が効率的に行われることを確保するための体制の監査

　この項目では，監査役は「効率性確保体制」についての監査を実施します。効率性の確保は，経営資源の最適配分を図り無駄を省いて効率を上げ，企業収益の向上をもたらす，企業の成長に不可欠な要素ですが，行き過ぎると問題が生じるとされています。効率性確保体制の監査で実施する項目の例示および留意点は**図表8－4**のとおりです。

図表 8 - 4　効率性確保体制の監査項目

項目	留意点
取締役（会）による仕組み整備	経営戦略の策定，経営資源の配分，組織の構築，権限委譲と管理体制のあり方，内部統制の整備，IT への対応の仕組みの整備は適切か。
経営計画・事業計画	会社の経営資源・経営環境等に照らして達成困難な経営計画・事業目標等が設定され，過度の効率性が追求される結果，会社の健全性が損なわれていることはないか。

⑤　会社ならびにその親会社および子会社から成る企業集団における業務の適正を確保するための体制の監査

　この項目では，監査役は「企業集団内部統制」についての監査を実施します。企業集団内部統制体制の監査で実施する項目の例示および留意点は**図表8－5**のとおりです。

図表8－5　企業集団内部統制体制の監査項目

項目	留意点
トップの認識	グループ内部統制の整備（構築・運用）の重要性に対する，会社や子会社のトップの認識はどうか。
グループ企業風土	会社の経営理念・行動基準や内部統制の基本方針等が子会社に周知されているか。 会社と子会社との間の意思疎通の状況はどうか。
子会社管理体制	子会社管理規程，管理方針，担当役員／部署他）の整備に不備はないか。担当取締役等による子会社の指導・管理は適切か。

⑥　監査役監査の実効性を確保するための体制の監査

　この項目では，監査役は「監査役監査の実効性を確保するための体制」についての監査を実施します。監査役の職務を補助する体制や監査役に報告する体制など，監査役監査実効性体制を監査することは，監査役の重要な任務であるだけでなく，監査役自らの業務に影響する重要項目となります。

　監査役監査実効性体制の監査で実施する項目の例示および留意点は**図表8－6**のとおりです。

図表8－6　監査役監査実効性体制の監査項目

項目	留意点
補助使用人	人数，専門性，能力は適切か。 会議出席や情報収集が不当に制限されていないか。 監査役の補助使用人に対する指示の実効性が制限されていないか。
指揮命令・人事	補助使用人に対する指揮命令権や人事権は適切か。
代表取締役との意思疎通機会	代表取締役との定期的な意思疎通の機会は確保されているか。
重要会議出席・重要書類閲覧	監査役による重要会議出席や重要書類閲覧の機会は確保されているか。
監査役報告体制	内部通報システムからの情報は監査役に報告されているか。 情報提供者が不利な取扱いを受けないことが確保されているか。
監査費用	監査費用の前払または償還の手続その他の監査費用の処理に係る方針は定められているか。 日常の，また，実効的な監査活動等に必要な費用の支払いに支障が生じていないか。

　上場会社は金融商品取引法により財務報告に係る内部統制の評価および監査が求められ，内部統制報告書を提出しなければなりません。

　この内部統制報告書の提出は取締役の重要な職務執行にあたるため，監査役にとっても無視のできない制度であるといえます。また，全社的な内部統制といわれる項目があり，統制環境などにおける監査役の役割がそのなかでの重要な要素となっています。

(1) 内部統制報告制度の概要

　内部統制報告制度は上記のように金融商品取引法により要求される制度ですが，経営者による評価・報告制度と公認会計士による内部統制監査制度で構成されています。

　ここでは，まず，内部統制について触れたうえで，そのなかのどこが評価・報告・監査の対象となるのかおよび制度の流れの全体像を説明します。そのうえで，重要な構成要素である全社的な内部統制，業務プロセスの内部統制，決算財務報告プロセスの内部統制について説明していきます。

① 対象となる内部統制

　内部統制とは，経営者によって構築され，企業内のすべての者によって遂行されるものであり，業務の効率性・有効性を確保し，誤りや不正を防止・発見するための仕組み・工夫・管理体制のことをいいます。

　内部統制は以下のように4つの目的と6つの基本的要素からなるとされています。目的の1つである「報告（非財務情報を含む）の信頼性」には「財務報告の信頼性」が含まれますが，これに関連する部分（表の○）が「財務報告に係る内部統制」であり，直接の対象となる部分になります。なお，監査役の監査対象となる会社法の内部統制は会社の業務全般（表の○と△）を対象としています。

　すなわち，金融商品取引法の内部統制報告制度と会社法の内部統制はまったくの別物というわけではなく，会社法が4つの目的全体を対象にしているのに対して，金融商品取引法の内部統制報告制度は特に財務報告の信頼性に重点をおいているという位置づけになります（**図表8－7**）。

図表8－7　内部統制の目的と基本的要素

		6つの基本的要素					
		統制環境	リスクの評価と対応	統制活動	情報と伝達	モニタリング	ITへの対応
4つの目的	業務の有効性及び効率性	△	△	△	△	△	△
	報告（非財務情報を含む）の信頼性　財務報告の信頼性	○	○	○	○	○	○
	上記以外	△	△	△	△	△	△
	事業活動に関わる法令等の遵守	△	△	△	△	△	△
	資産の保全	△	△	△	△	△	△

　なお，内部統制報告制度において準拠すべき基準となる「財務報告に係る内部統制の評価及び監査の基準並びに財務報告に係る内部統制の評価及び監査に関する実施基準」は2023年4月に改訂され，2024年4月1日以後開始する事業年度から適用されます。この改訂は，過去の事例から内部統制報告制度の実効性に関する懸念が指摘されていたことや，国際的なCOSO（トレッドウェイ委員会支援組織委員会）の内部統制の基本的枠組みに関する報告書が，経済社会の構造変化やリスクの複雑化にともなう内部統制上の課題に対処するために改訂されたことに対応するものです。

　この改訂により，内部統制の目的の1つが，従来の「財務報告の信頼性」から「報告（非財務情報を含む）の信頼性」に変更されています（ただし，内部統制報告書制度の対象は「財務報告の信頼性」のままとなります）。また，6つの基本的要素においても改訂がなされ，たとえば，「リスクの評価と対応」

において評価するリスクの対象に，不正に関するリスクが含まれることが追加されています。その他，「モニタリング」において，独立的評価により識別された問題点は，経営者への報告だけではなく，あわせて，取締役会，監査役等にも報告することが求められるようになっています。

また，「財務報告に係る内部統制の評価及び監査の基準」において，監査役等は，取締役および執行役の職務の執行に対する監査の一環として，独立した立場から，内部統制の整備および運用状況を監視，検証する役割と責任を有しているとされ。監査役等は，内部統制の整備および運用に関して，経営者が不当な目的のために内部統制を無視または無効ならしめる場合があることに留意する必要があり，その役割・責務を実効的に果たすために，内部監査人や監査人等と連携し，能動的に情報を入手することが重要であるとされています。

さらに，「財務報告に係る内部統制の評価及び監査に関する実施基準」において，内部統制，ガバナンスおよび全組織的なリスク管理に係る体制整備の考え方として，3線モデルがあげられています。3線モデルにおいては，第1線を業務部門内での日常的モニタリングを通じたリスク管理，第2線をリスク管理部門などによる部門横断的なリスク管理，そして第3線を内部監査部門による独立的評価として，組織内の権限と責任が明確化され，これらの機能を取締役会または監査役等による監督・監視と適切に連携させることが重要であるとされています。

次に，内部統制報告制度の流れの全体像をみてみましょう。

内部統制報告制度での主要な活動には「評価範囲検討」，「全社的な内部統制の評価」，「決算・財務報告プロセスの内部統制の評価」，「業務プロセスの内部統制の評価」，「不備の評価」，「内部統制報告」があります（**図表8－8**）。

すなわち，経営者はまず評価範囲を検討したうえで，「全社的な内部統制」，「業務プロセスの内部統制」，「決算・財務報告プロセスの内部統制」の評価をします。評価の結果，不備が識別された場合はそれが内部統制報告に影響がある「開示すべき重要な不備」に該当するかを判定したうえで，内部統制報告書を作成し，提出することになります。

図表 8-8　内部統制報告制度の流れ

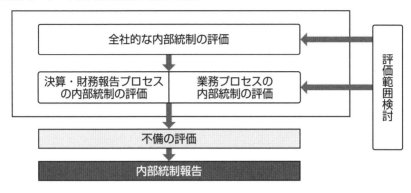

　このあとでは，そのなかの評価すべき項目である「全社的な内部統制」，「業務プロセスの内部統制」，「決算・財務報告プロセスの内部統制」について，その概要および監査におけるポイントなどを紹介します。

②　全社的な内部統制

　全社的な内部統制とは，企業集団全体に関わり連結ベースでの財務報告全体に重要な影響を及ぼす内部統制です。また，全社的な内部統制では統制環境，統制活動，モニタリングなどの会社の業務全般にかかる方針・仕組みを取り扱っています。そのため，決算・財務報告プロセスや業務プロセスの内部統制の有効性に間接的にですが強い影響を与えるものであると位置づけられています。

　実務上は，「財務報告に係る内部統制の評価及び監査に関する実施基準」に評価項目の例として示されている42項目を参考に各社で「全社統制チェックリスト」を作成して評価をすることが一般的です。そのため，全社的な内部統制のことを「42項目」ということがあります。なお，42項目のうち，監査役に関連する項目が複数含まれていますが，当該項目と監査役監査の関係については本章で後述する「(2) 内部統制報告制度と監査役の関係」において説明します。

③ 決算・財務報告プロセスの内部統制

決算・財務報告プロセスの内部統制とは，主に経理部門における決算作業および開示書類作成業務のことをいいます。決算・財務報告プロセスは財務報告の信頼性目的の内部統制においては，まさに水際にあたりますので，そこでの不備は内部統制の有効性に大きな影響を与える可能性があります。そのため，決算・財務報告プロセスの内部統制の整備および評価は財務報告の信頼性においては非常に重要なものです。

決算・財務報告プロセスの内部統制には，全社的な観点で評価すべきものと個別の業務プロセスとして評価すべきものとがあります。両者の内容の例と評価方法をまとめると**図表8－9**のようになります。

図表8－9　決算・財務報告プロセスの内部統制の内容

区分	内容の例	評価方法
全社的な観点で評価すべきもの	経理部門内のルール・方針 連結子会社との意思疎通 連結パッケージ様式の整備・運用	決算財務報告プロセスチェックリストによる評価
個別の業務プロセスとして評価すべきもの	引当金計上プロセス 固定資産減損損失プロセス 税金・税効果計算プロセス	業務プロセス内部統制評価と同様に，3点セット（後述）による評価

④ 業務プロセスの内部統制

業務プロセスの内部統制とは，ルーティン業務である販売や購買などの業務フロー上で起こり得る誤りまたは不正を防止・発見する仕組み・努力・工夫のことをいいます。たとえば，業務プロセス内における事前または事後の承認手続，担当者以外による照合作業，職務の分離やITシステムによるチェック機能・計算集計機能などがこれにあたります。

業務プロセス内部統制の評価においては，図や表を活用して整理・記録することが有用とされ，その例として業務の流れ図（業務フロー図）・業務記述書・リスクと統制の対応（リスク・コントロール・マトリクス：RCM）の3つがあげられています。これらは一般には「3点セット」と呼ばれてい

ます。業務プロセス内部統制の評価および監査のポイントをまとめると**図表8−10**のようになります。

図表8−10　3点セットの評価・監査のポイント

3点セット	評価および監査のポイント
業務フロー	・フローの繋がりは適切に表現されているか。 ・リスクの識別ができるように情報の変換点はわかりやすく表現されているか。 ・業務の実行部門やITシステムは明確に表現されているか。
業務記述書	・業務フローと整合しているか。 ・5W1H，特に，業務の実行部門やITシステムは明確に表現されているか。主要な書類・帳票は明確に記載されているか。 ・チェック等の統制作業は明確に表現されているか。 ・職務分離による内部けん制に問題のない記載となっているか。
RCM	・業務フロー上のリスクは適切に識別されているか。 ・リスクと対応する統制は適切に紐付けされているか。 ・対応する統制がないリスクが放置されていないか。 （リスクに対応する統制を会社が整備・構築していない場合，内部統制上は不備として扱われる可能性がある。）

(2) 内部統制報告制度と監査役の関係

① 内部統制報告制度における**監査役監査の位置づけ**

　内部統制報告制度において監査役および監査役による監視は全社的な内部統制の重要要素として位置づけられています。先述の「42項目」においても監査役に関する記載のある部分が5項目あります。監査役に関連する項目および監査役監査のポイントは**図表8−11**のとおりです。

図表 8 −11　42項目のうち監査役関連項目

内部統制の基本的要素	全社統制42項目 (監査役関連項目)	監査役監査のポイント
統制環境	取締役会及び監査役又は監査委員会は，財務報告とその内部統制に関し経営者を適切に監督・監視する責任を理解し，実行しているか。	・監査役による監視をするルールの整備・規程化は十分か。(監査役会規則，監査役監査基準，内部統制システムに係る監査の実施基準など) ・監査役監査調書，監査役会議事録は適切に整備・保存されているか。
統制環境	監査役又は監査委員会は内部監査人及び監査人と適切な連携を図っているか。	・内部監査人および会計監査人との会合を実施しているか。 ・上記会合に関する議事録・メモ・監査調書等は作成されているか。
情報伝達	経営者，取締役会，監査役又は監査委員会及びその他の関係者の間で，情報が適切に伝達・共有されているか。	・財務報告や内部統制評価を取り扱う会議に出席または議事録閲覧をしているか。
情報伝達	内部統制に関する企業外部からの情報を適切に利用し，経営者，取締役会，監査役又は監査委員会に適切に伝達する仕組みとなっているか。	・内部通報制度等の運用状況を取り扱う会議に出席または議事録閲覧をしているか。(または，内部通報制度の運用状況の報告を受けているか。)
モニタリング	内部統制に係る開示すべき重要な不備等に関する情報は，経営者，取締役会，監査役又は監査委員会に適切に伝達されているか。	・内部統制の開示すべき重要な不備を取扱う会議に出席または議事録閲覧をしているか。(または，内部統制の開示すべき重要な不備に関する情報の報告を受けているか。)

　また，内部統制報告制度では，実施基準の内部統制の有効性評価の個所において，内部統制の開示すべき重要な不備となる全社的な内部統制の不備として例示があげられています。そのなかには監査役に関連する項目があるため，監査役の皆さんとしては，これらに該当しないように気をつけておく必要があります。当該項目と監査役の対応案を**図表 8 −12**にまとめてみました。

図表 8 −12　開示すべき重要な不備となり得る 3 項目と監査役の対応案

全社的な内部統制の不備の例示	監査役の対応案
取締役会又は監査役若しくは監査委員会が財務報告の信頼性を確保するための内部統制の整備及び運用を監督，監視，検証していない。	・監査役による監視・検証のためのルールの整備・規程化をする。（監査役会規則，監査役監査基準，内部統制システムに係る監査の実施基準など） ・監査役監査調書，監査役会議事録は適切に整備・保存する。
業務プロセスに関する記述，虚偽記載のリスクの識別，リスクに対する内部統制に関する記録など，内部統制の整備状況に関する記録を欠いており，取締役会又は監査役若しくは監査委員会が，財務報告に係る内部統制の有効性を監督，監視，検証することができない。	・内部統制の評価責任部署（またはプロジェクト）の責任者・担当者との会合および 3 点セットの閲覧をして左記状況にないことを確認しておく。 ・内部統制評価の進捗状況を取扱う会議に出席または議事録閲覧をする。 （または，内部統制評価の進捗状況に関する情報の報告を受ける。）
経営者や取締役会，監査役又は監査委員会に報告された全社的な内部統制の不備が合理的な期間内に改善されない。	・内部統制評価の不備発生状況・是正状況を取扱う会議に出席または議事録閲覧をする。 ・内部統制評価の不備発生状況・是正状況に関する情報の報告を受ける。 ・不備の是正スケジュールに問題がないかを検討し，必要に応じて内部統制評価の担当取締役との意見交換をする。

②　内部統制報告制度と監査役の役割

　内部統制報告制度自体は金融商品取引法の制度であるため，監査役には財務報告内部統制の監査義務はありません。しかし，内部統制報告書の作成は取締役の重要な職務の執行にあたりますので，監査役は業務監査の一環として独立した立場から，金融商品取引法の内部統制の整備・運用状況を監視，検証する役割と責任を有しています。

　また，先述の「全社的な内部統制の不備の例示」にあるように，3 点セット等の適切な記録を欠いている場合や全社的な内部統制の不備が改善されずに放置されそうな場合には，必要な意見発信をするなどの役割が求められると考えられます。

3. コーポレート・ガバナンスと監査役

本章ではこれまで監査役が実施すべき内部統制システム監査や内部統制報告制度における監査役の役割について説明してきました。ここでは，内部統制と切り口は少し違うものの関連性の高いコーポレート・ガバナンスと監査役の関係について説明していきます。

(1) コーポレート・ガバナンスの基礎

コーポレート・ガバナンス（企業統治）とは，株主と経営者の関係の規律づけを中心とした企業行動を律する枠組みのことをいいます。

また，コーポレートガバナンス・コードにおいては，「コーポレート・ガバナンス」とは，会社が，株主をはじめ顧客・従業員・地域社会等の立場を踏まえた上で，透明・公正かつ迅速・果断な意思決定を行うための仕組みを意味するとされています。

図表 8 −13　コーポレート・ガバナンスのポイント

項目	ポイント
コーポレート・ガバナンスの前提	・株主は企業価値最大化を目的としている。 ・株主は自ら企業を経営するわけではなく，広大な執行権限を経営者（代表取締役，業務執行取締役）に委ねている（いわゆる，所有と経営の分離）。 ・取締役会および監査役には経営者を監督する義務がある。
コーポレート・ガバナンスの目的・機能	・株主の権利・利益が守られ，平等に保障されること ・企業を取り巻くすべての利害関係者の権利・利益の尊重，円滑な関係の構築
コーポレート・ガバナンスの重要な要素	・適時適切な情報開示による企業活動の透明性確保 ・取締役会および監査役による経営者の監督または監視
コーポレートガバナンス・コード※	・「プリンシプルベース・アプローチ」（原則主義）を採用 ・「コンプライ・オア・エクスプレイン」（原則を実施するか，実施しない場合には，その理由を説明するか）の手法を採用 ・基本原則，原則，補充原則の 3 種類の原則から構成

※コーポレートガバナンス・コードについては，**巻末Q&A11**（264〜265頁）参照

　先述したように，内部統制とは，企業内のすべての者によって遂行されるものであり，業務の効率性・有効性を確保し，誤りや不正を防止・発見するための仕組み・工夫・管理体制のことをいいます。

　したがって，コーポレート・ガバナンスは内部統制を包含するものであり，内部統制はコーポレート・ガバナンスの根幹をなすものといえます。

　コーポレート・ガバナンスと監査役の関係の前に，まずは，コーポレート・ガバナンスのポイントをみてみましょう（**図表8−13**）。

(2) コーポレート・ガバナンスにおける監査役の役割

　コーポレート・ガバナンスの基礎を前提に，コーポレート・ガバナンスにおける監査役の役割について説明・検討していきましょう。

①　日本監査役協会による監査役の役割の表明

　日本監査役協会の「監査役の理念」によると，監査役はコーポレート・ガバナンスを担う者として，公正不偏の姿勢を貫き，広く社会と企業の健全かつ持続的な発展に貢献するという役割が示されています。

　また，その補足説明としては，監査役は経営者とともにまさに車の両輪として，コーポレート・ガバナンスの強化に重要な責任を担っているとの認識を表明しています。

　さらに，「監査役の行動指針」においては，いかなる状況下にあっても，毅然とした態度で監査役の職務を全うし，説明責任を果たし，コーポレート・ガバナンスの強化に努めますという宣言がされています。

②　日本公認会計士協会からの提言

　日本公認会計士協会からの提言においても，社外監査役の独立性を高め，監査役のうち少なくとも1名は財務・会計に関する知見を有している者を選任すべきである旨が述べられています。

　また，監査役は経営者と監査人の見解が相違した場合等に株主の立場に立って行動することなど，会計監査人との連携を密にすることにより監査役と

しての機能を強化すべきであるとされています。

　すなわち，経営者と会計監査人の見解が相違した場合に独立性のある社外監査役および財務・会計に関する知見を有している監査役が意見・行動することが求められています。

③　どのような監査役および役割が求められているのか

　コーポレート・ガバナンスに関して，なぜ監査役が重要とされるのかという問いに対しては，以下のように考えられます。

　経営者の監視をする役割としては，取締役会および監査役が担うとされています。しかしながら，日本の現状においては，社外取締役の選任も増えてはいるものの取締役会の構成員はまだ多くが社内取締役であり，経営者（代表取締役）の部下にあたる場合が一般的です。このような場合に，経営者の行動を監視し，けん制をすることは困難な場合が多いといえます。

　これに対して，監査役は，半数以上は経営者の部下ではない社外監査役でありますし，任期が4年と長く，辞任の場合の意見陳述権も与えられています。そのため，経営者の行動に対して監視・けん制した場合の身分保障は取締役よりも担保されています。

　したがって，日本のコーポレート・ガバナンスにとっては，監査役は経営者を監視する主翼であり，キーマンであるといえます。そのため，コーポレート・ガバナンスにおいてどのような監査役が求められているかというと，2001（平成13）年商法改正時に期待された「物言う監査役」や有識者懇談会の答申に対する最終報告書にあるように「行動する監査役」，「責任を果たす監査役」であるといえます。

　監査役の役割が果たされるべき場面として，平時でのモニタリングに加え，会社の重要な意思決定時におけるモニタリングがあります。取締役会設置会社では，「重要な財産の処分及び譲受け」や「多額の借財」などは会社法上において取締役会の専決事項とされています。また，取締役が自己または第三者のために会社との取引を行う「利益相反取引」は，取締役会の承認が必要となります。監査役は経営者の専横などを防止するために取締役会での決

議が適法に行われていることを確認する必要があります。なお，取締役会の専決事項以外にも，たとえば経営会議といった会議体で重要事項が決定される場合もありますが，監査役は重要な意思決定の過程や業務の執行状況が適切であることを確認する必要があります。さらに，**第2章の「6．子会社の監査役」**でも述べたように，近年，上場会社の子会社における会計不祥事が増加傾向にあり，親会社にとって企業グループ経営の促進と企業グループ全体のコーポレート・ガバナンス体制の構築が急務となってきています。子会社監査役との連携も含め，グループ全体のコーポレート・ガバナンスの観点からモニタリングを継続し，監査役としての役割を果たすことが期待されます。

④　コーポレートガバナンス・コードにおける監査役の役割

　コーポレートガバナンス・コードでは，原則4-4および補充原則4-4①において「監査役及び監査役会の役割・責務」について記載されています（**図表8-14**）。

図表8-14　コーポレートガバナンス・コード【原則4-4】

【原則4-4．監査役及び監査役会の役割・責務】
　監査役及び監査役会は，取締役の職務の執行の監査，監査役・外部会計監査人の選解任や監査報酬に係る権限の行使などの役割・責務を果たすに当たって，株主に対する受託者責任を踏まえ，独立した客観的な立場において適切な判断を行うべきである。
　また，監査役及び監査役会に期待される重要な役割・責務には，業務監査・会計監査をはじめとするいわば「守りの機能」があるが，こうした機能を含め，その役割・責務を十分に果たすためには，自らの守備範囲を過度に狭く捉えることは適切でなく，能動的・積極的に権限を行使し，取締役会においてあるいは経営陣に対して適切に意見を述べるべきである。

補充原則
4-4①　監査役会は，会社法により，その半数以上を社外監査役とすること及び常勤の監査役を置くことの双方が求められていることを踏まえ，その役割・責務を十分に果たすとの観点から，前者に由来する強固な独立性と，後者が保有する高度な情報収集力とを有機的に組み合わせて実効性を高めるべきである。また，監査役または監査役会は，社外取締役が，その独立性に影響を受けることなく情報収集力の強化を図ることができるよう，社外取締役との連携を確保すべきである。

第9章

株式上場と監査役

本書をまとめるにあたり，監査役向けの書籍を改めて読んでみたところ，監査役の視点から株式上場に触れている書籍はあまりありませんでした。実際に上場準備会社の監査役とお話をさせていただくと，主幹事証券会社の審査や証券取引所の審査でどのような対応をすればいいのかというご質問やそもそも上場準備会社において，監査役はどのような役割を期待されているのかわからないといった疑問を耳にすることがあります。

そこで，この章では株式上場と監査役の関係について，説明していきます。

1. 株式上場制度の概要

(1) 株式上場市場について

株式上場制度について簡単に解説します。上場株式を取り扱う証券取引所は東京，名古屋，札幌，福岡の4か所にあります（**図表9−1**）。直近では，東京証券取引所（以下，東証）および名古屋証券取引所において，2022年4月に市場区分の大幅な見直しがなされています。また，各取引所において，いわゆる新興市場が設置されています。

図表9−1　各証券取引所の市場区分

証券取引所	市場区分
東京	プライム市場，スタンダード市場，グロース市場[※1]，TOKYO PRO Market[※2]
名古屋	プレミア市場，メイン市場，ネクスト市場[※1]
札幌	本則市場，アンビシャス[※1]
福岡	本則市場，Q-Board[※1]

（※1）新興市場
（※2）直接買付けができる投資家をプロ投資家に限定した市場

(2) 株式上場のメリットと社会的責任

　株式上場をすることのメリットは何でしょうか。会社の事業が順調に拡大していく過程で，その会社には一定の社会的な役割や責任が出てきます。また，会社の成長過程で優秀な人材や新たな資金調達の必要性も増加してきます。株式上場をすることで，株式市場から直接資金調達の道が開けるとともに知名度があがることで人材の調達もしやすくなります。社長後継者問題の悩みを抱えるような場合に，上場会社であれば社長後継者候補を外部から探しやすいことも事実です。また，上場準備の過程で，会社の内部管理体制（内部統制）の整備・運用が求められますので，結果的に株式上場により，管理体制の整備，強化が進みます。

　すなわち，上場のプロセスにおいて，会社の持続的成長のための「事業の成長性」と「内部管理体制の強化」が図られることになるのです。このように，会社が持続的に成長していくための1つの有効な手段として株式上場を捉えることができます（**図表9-2**）。

図表9-2　株式上場のメリットと社会的責任の関係

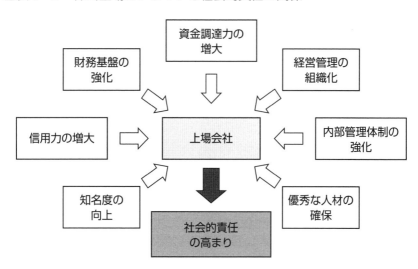

図表9－2にある社会的責任の高まりという表現も抽象的で，具体的にどのようなことが社会的責任に該当するのかわかりにくいと思います。いくつかの例をあげて説明していきます。

上場会社は一般投資家に向けて，会社の業績（ここでは会計上の決算数値をイメージしています）を公表しなければなりません。未上場会社は定時株主総会の招集通知の発送までに会社が決算を確定させ，監査役の監査またはそれに加えて，公認会計士による監査報告書を受領すればよかったのですが，上場会社の場合にはそれよりも早いタイミングで決算の公表をしなければいけません。そのためには，適時に正しい決算発表ができるようにするための経理部門などの社内体制の整備が必要です。

また，上場会社の場合には，会社の重要な内部情報が外部に流出して，その情報をもとに株式の売買が行われた場合には，インサイダー取引規制に抵触することになります。したがって，会社内部での重要情報が正式な公表前に外部に漏えいしないような会社情報の管理体制を強化する必要があります。

以上は一例にすぎませんが，このような体制整備が上場会社では求められます。こうしたことを整備する必要があるのは，会社として社会的責任を全うするためなのです。

（3）株式上場の基準

証券取引所に株式上場するためにはクリアしなければならない基準があります。これを上場審査基準といいます。上場審査基準は形式基準と実質基準といわれる2つの視点の審査基準からなっています。監査役の皆さんは，実質基準を理解していただくことが重要です。

実質基準は上場する取引所の市場によって，少しだけ考え方が異なる部分がありますので，プライム市場，スタンダード市場およびグロース市場の実質基準のポイントをみてみましょう（図表9－3，図表9－4）。

なお，株式上場にあたっては，主幹事証券会社の審査と証券取引所の審査がありますが，どちらの審査も上場を申請する会社が上場会社としてふさわしい会社かどうかを審査しますので，審査の視点は同じです。

図表 9 － 3　プライムおよびスタンダード市場の実質基準（2023年4月現在）

審査項目	審査内容
1．企業の継続性及び収益性	継続的に事業を営み，かつ，安定的な収益基盤を有していること
2．企業経営の健全性	事業を公正かつ忠実に遂行していること
3．企業のコーポレート・ガバナンス及び内部管理の有効性	コーポレート・ガバナンス及び内部管理体制が適切に整備され，機能していること
4．企業内容等の開示の適正性	企業内容等の開示を適正に行うことができる状況にあること
5．その他公益又は投資者保護の観点から東証が必要と認める事項	－

図表 9 － 4　グロース市場の実質基準（2023年4月現在）

審査項目	審査内容
1．企業内容，リスク情報等の開示の適切性	企業内容，リスク情報等の開示を適切に行うことができる状況にあること
2．企業経営の健全性	事業を公正かつ忠実に遂行していること
3．企業のコーポレート・ガバナンス及び内部管理体制の有効性	コーポレート・ガバナンス及び内部管理体制が，企業の規模や成熟度等に応じて整備され，適切に機能していること
4．事業計画の合理性	相応に合理的な事業計画を策定しており，当該事業計画を遂行するために必要な事業基盤を整備していること又は整備する合理的な見込みのあること
5．その他公益又は投資者保護の観点から東証が必要と認める事項	－

2．株式上場におけるガバナンス重視の意味

　第7章で不正や不祥事が発生した場合の監査役を取り巻くリスクに関して解説をしました。会社が株式を上場するということは，広く一般投資家が株式を売買できる環境が整うことです。つまり上場を通じて，会社はある意味

公器として，外部からみて一定の透明性が求められるのです。この一定の透明性を確保するのが，コーポレート・ガバナンスです。

コーポレート・ガバナンスについては，すでに**第8章**で詳しく解説しましたのでここでは割愛しますが，上場会社になることで，主に以下のような項目が整備されていることが求められます。

- 会社の内部管理体制が整備されて，不正や処理ミスが発生しにくく，また不正やミスが発見しやすい管理体制
- 子会社も含めた会社グループの会計情報が適時に開示できる体制
- 会社として法令や諸規程を遵守できる体制
- 投資家等に開示すべき一定の事実を適時，適切に開示できる体制

上記のような体制を確保するためには，コーポレート・ガバナンスが有効に機能している必要があります。上記のような体制は本来必ずしも上場会社でなくても必要なのですが，やはり未上場会社では，このような体制整備は軽視されがちです。したがって，上場準備のプロセスで，上記のような体制整備の状況，すなわちコーポレート・ガバナンスがスポットライトを浴びるのです。

3. 株式上場における監査役の役割

（1）未上場会社の監査役の立ち位置

未上場会社であっても上場会社であっても，会社法で求められる監査役の役割に違いはありません。ところが実際に監査役に就任する際に，その会社が上場会社なのか，未上場会社なのかによって，監査役の精神的な負担は大きく異なると思います。その違いはどこにあるのでしょうか。

未上場会社は，一般的に外部株主の存在は限定されています。そのために監査役監査の結果に対して，上場会社のような投資家目線からのプレッシャーはありません。また，監査役監査のプロセスをあとから誰かがチェックす

るようなこともあまり想定されません。

このような違いから，本来は監査役監査の内容に差はないにもかかわらず，精神的な負担が異なるのではないかと考えられます。

（2）上場審査での監査役の心構え

これまで説明してきたとおり，コーポレート・ガバナンスのなかで監査役は重要な役割を果たしているため，上場審査でも監査役監査のプロセスや結果は重点的なポイントに該当します。したがって，主幹事証券会社の上場審査，証券取引所の上場審査のなかでは，必ず監査役へのヒアリングが実施されます。

ヒアリング等で確認される項目としては，主に以下のようなものが想定されます。

- 監査役就任の経緯
- 監査役就任前の主な経歴
- 監査役監査の計画が適切に策定されて，監査計画に準じて監査が実施されているか
- 監査の結果は，監査調書に記録されているか
- 監査で発見された事項は，現場にフィードバックされて，適切な改善措置が取られているか
- 監査上の重点項目は明確になっているか
- 取締役会，監査役会に全監査役が出席しているか
- 取締役会への出席以外にも適宜取締役との面談を実施しているか
- 監査法人とは適宜連携や協議を実施しているか
- 内部監査室等の内部監査部門との連携や協議を実施しているか
- 監査役間の役割分担はどうなっているか
- 監査における環境整備や情報収集の方法はどのようなものか
- 監査役(会)から見た，社内のガバナンス体制の評価はどうか
- 会社のリスク管理体制，コンプライアンス体制への評価はどうか
- 子会社への業務監査の状況はどうなっているか

したがって，上場審査の監査役ヒアリングのときになって慌てることのないように，上場準備会社では，監査役として日常的に上記に掲げたような質問に対して対応できるような監査を心掛ける必要があります。

おそらく監査役の立場で上場審査を経験することはほとんどの方が初めてでしょうし，会社の内部でも上場審査の経験がある方は少ないと思います。そのような場合には，監査法人に相談をしてみるのも1つの解決策だと思います。そのためにも監査法人とは日頃からコミュニケーションをとる必要があります。

(3) 上場準備段階での監査役監査の機関設計

一般的に上場を志向する会社の場合，比較的早い段階から取締役会を設置し，毎月取締役会を開催している例が多いと思います。一方，監査役監査に関する体制をいつの段階でどこまで整備すべきなのかを悩まれることが多いようです。会社法の要請では，会社法の大会社に該当しないのであれば，会社が希望しないかぎり監査役会をおくことは強制されません。

上場準備会社の場合，審査上は監査計画や監査方針，監査調書等で一定期間の監査の実施状況を確認することになるため，早めに監査役会を設置することが望まれます。どんなに遅くとも，上場時には監査役会設置会社であることが求められます。理想的には，直前期には監査役会を設置することが望ましいものと考えられます。したがって，上場準備会社では早めに監査役監査体制の準備時期等について，主幹事証券会社に相談することをお勧めします。

また，未上場会社では，代表取締役の親族が監査役に就任している事例も見受けられますが，上場審査上は監査役が取締役や会計参与，執行役その他これらに準ずるものの配偶者または二親等内の血族，姻族に該当する場合には，監査役の交代を求められることになります。これは，取締役等の親族が監査役という立場に就くことで，有効な監査が損なわれるという判断に基づくためです。上場準備をしている会社において，このような条件に該当する監査役がいる場合も，早めに主幹事証券会社に相談すべきです。

（4）　上場後の監査役監査の位置づけ

　上場後の監査役監査は，上場前と何が変わってくるのでしょうか。会社法では，会社が上場していてもしていなくても監査役監査の位置づけは変わらないはずです。ところが，たとえば定時株主総会で監査役が監査結果を報告する場面を思い浮かべても，未上場会社の株主総会であれば，ほとんどが身内か素性がわかる株主です。しかしながら会社が上場した後は，外部株主も株主総会に出席するため，監査役の緊張感が違います。

　また，会社が上場すれば，金融商品取引法などの規制の下で会社経営が行われますので，もし会社内部で何か問題が起きて，その調査のために第三者委員会などが立ち上がった場合には，監査役会も第三者委員会と連携をとる必要があります。このようなことも未上場会社であれば，通常は起こり得ないことです。

　したがって，**第7章**で説明したような個別の訴訟事例が起きないまでも日常から，会社の内部統制の整備・運用状況を意識しながら，監査役としての責任を全うすることが肝要です。

終章

監査役経験者
からの助言

―めげず，誇りをもって充実した
監査をするために―

1. はじめに
―監査業務に立ちはだかる壁と秘めたる監査役パワー―

　監査役は，業務を遂行（権限を行使）してゆく過程で，いろいろな場面で「壁」に突き当たります。制度上の壁，社内のしきたりの壁，生身の人間としての心理的葛藤という壁もあります。

　「壁」はなかなか厄介な存在ですが，視点を変えてみると「壁」でなくなったり，ちょっとした工夫で氷解したり，自分の実力の涵養（かんよう：水が自然に染み込むように，無理をしないでゆっくりと養い育てること）によって撃破できたりすることが多いものです。壁が厚く乗り越えられない場合は，そこで立ち往生せず，迂回するという手もあります。

　また，監査役という立場は，会社法上の調査権や意見申述権といった権限を前向きに活用できます。

　「監査役に立ちはだかる壁」のなかでひっそり暮らすのも監査役人生の1つではありますが，壁を乗り越えて，誇りをもって楽しく，適正に権限・パワーを行使し，会社の持続的発展ひいては経済社会の健全な運営に貢献するのが「監査役の本懐」でありましょう。どうせなら後者でいきたいものです。

　「監査役の悲哀」と「監査役が法的にもつ権限の行使」をテーマにした『株主代表訴訟』（牛島信著，幻冬社）という小説があります。主人公である監査役が心理的葛藤のなかで，監査役に付与されている法上の権限をめいっぱい行使し，問題のある経営執行陣と対決してゆく様が描かれています。究極の監査役像といえるのではないでしょうか。

　現実の監査役には小説の監査役のような大立ち回りはできませんが，生身の監査役ができる壁突破策・会社への貢献策はあります。多くの監査役仲間との勉強会を通じて得た情報をもとに，「壁」の突破策・貢献策をまとめてみました。監査実践のご参考にしていただければ幸いです。

2. 監査役に立ちはだかる「壁」と突破策

(1) 自尊心を傷つける壁① 「最初の戸惑い：芳しくない世評」

　監査役は，世間では「閑散役」，「お飾り」，「サラリーマンの上りのポスト」，「企業不祥事もチェックできない無用の存在」などと揶揄されることが多く，社内でも「利益には何の貢献もしない」，「人のあら捜しを専門にする存在」と陰口をたたかれます。進んでなりたい職務とは考えられていないかもしれません。

　しかしながら，世評にくじけることはありません。論語にも「子曰く，人の己を知らざるを患へず，己の人を知らざるを患ふ（人が自分の真価を認めてくれないことより，自分が人の真価を知らないことを心配すべきである）」とあります。

　この本を第1章から読み進め，監査役の社会的意義や重要性，職務内容等を学んだ「あなた」は，監査役というものは「取締役の職務の執行」を監査する立場にあり，取締役よりも，もっと高く広い識見が求められることを確信されたことと思います。

　「ものは考えよう」で気持ちの持ち方が変わるものですし，また「視点を少しずらしてみると，実態が立体的にみえる」のは3Dテレビだけではありません。

　世間が揶揄する監査役像は反面教師になりますし，コンプレックスは自己啓発の原動力になります。

　監査役の職務は，知れば知るほど奥が深く，社会的に意義あるものであることがわかってきます。

(2) 自尊心を傷つける壁② 「"勇気がない"という侮辱」

　監査役の法的権限は，企業不祥事の多発を契機に，逐次法改正がなされ，強化され続けてきました。

　現状ではさらなる法改正の必要はなく，監査機能が発揮できないのは，「監

査役に勇気がないからだ」といわれます。特に立法に関係する有識者や経営者団体からの批判です。

一部の不祥事例をもって，監査役全般をステレオタイプに評価しており，実態をみていないきらいがあります。実際には，監査役機能を十全に発揮され「正義の実現」に尽力した肝の据わった正義漢はいっぱいいるのです。

孤軍奮闘，執行者の不条理を指弾し訴訟にも勝利した監査役や監査報告書に「妥当性に欠ける執行行為を記載」し改善を促した監査役もおられます。監査役仲間は陰ながら声援をおくりましたし，マスコミも「勇気ある監査役」として称えました。

しかしながら，「生身の監査役」が臆病になったり，保身を考えたりするのは，人間として当たり前のことです。監査役に英雄豪傑的な過大な勇気を求められても困ります。

とはいいながら，拡大されてきた監査役権限を勇気をもって活用・行使しなければならない事態が発生することも実務では起こりえます。

「生身の監査役仲間」の経験知によれば，「そのような場合，不当事実を十全に確認し，会社を正常化しようとする同志を結集し，行動に移すべき時に一気に動くことが大事」というものです。同志がいれば勇気も出るし，監査役が組織内で空回りせず，実効性を上げる事ができるということです。監査役に対するしっぺ返しリスクも回避できます。

そのような同志などいない場合，監査役の独任制をもとに「一人でも正義を貫く」のが正論ですが，実効性を高めるために有能な弁護士，公認会計士の支援体制を整えておくことが必要でしょう。また，所管官庁やマスコミ等への通報も辞さないとの警告（公益通報者保護法）やタイミングを図った「監査役辞任宣言」も戦術としてあり得ます。その戦術が効かないような場合は，泥船からさっさと下りるのも「勇気」です。

(3) 周囲の無理解の壁「取締役が監査役の何たるかを知らない!?」

取締役は，業績の向上に実績をもつ業務執行のプロが大半です。しかし，取締役が果たすべきその他の職務についてはあまり知らない，というのが残

念ながら現状のようです。取締役会の機能不全が盛んにいわれる背景です。監査役との関係でいえば，取締役が監査役の業務に配慮すべき事項（たとえば取締役の監査役への報告義務など）は，会社法に明記されていますが，取締役の認識は必ずしも十分とは思われません。

さらに，会社法において，取締役は，監査役の監査環境の整備に配慮すべきことが規定されてはいますが（施規100条），「収益のないところには，人も金も投入したくない」という業務執行担当者であれば，当然もっている価値観から，監査環境の整備は形だけになってしまいがちです。

監査役は，取締役の監査に関する意識の低さと，それからくる消極的非協力に遭遇して，無力感に苛まされることになります。

この壁の突破策としては，取締役の意識改革しかありません。

不祥事等の発生を未然に防止し，発生しても被害を極小化することは収益を上げることと同等の価値があること，不祥事の発生は営々として築き上げてきた信用を一瞬にして棄損してしまうこと，不祥事にかかるもろもろの損害について取締役は株主代表訴訟で監督責任を追及されることなど，取締役がおそれる「不祥事」にことよせて，それらを担保するのが監査役であることを，あらゆる機会を捉えて繰りかえし取締役に「刷り込む」努力が必要です。

取締役の監査役への協力インセンティブを引き出すキーワードがあります。「株主代表訴訟は恐いぞ！一緒に予防しようよ」がそれです。

株主の権利意識が高まったことと株主代表訴訟提起が容易になったことを受けて，株主代表訴訟が頻発するようになりました。取締役は，業務執行に際し株主代表訴訟を視野に入れておかないと，身の破滅（文字通り身ぐるみを剥がされる事態）を招きかねない時代になってきました。

取締役は業務執行の妥当性の判断についても，監査役による第三者的視点での「合理的監査」を経ておくことが身の安全を守ることになりますし，一方監査役は，合理的に立証できる監査を実施していないと，任務懈怠の責任を問われることになります。

「合理的監査」は，取締役，監査役双方にとって利害が一致するものです。「監査役を無視・軽視すると，怖いよ！」もキーワードです。

「監査役監査への非協力は即監査妨害として株主総会に報告しますよ。場合によっては行政当局・裁判所が動いて，過料処分を受けるかもしれませんね」です。やや脅迫めいていますが。

監査報告には「監査のために必要な調査ができなかったときは，その旨及びその理由」を記載することになっています。また，会社法に「この法律の規定による調査を妨げたときは百万円以下の過料に処する（会976条5号）。」という罰則規定があります。

なお，公益通報者保護法では，調査妨害（過料行為であり，通報対象事実）について，監査役が行政機関等に通報しても「公益通報者」として保護の対象になっています。（2条1項四，3項一）。

活用できる条文は存分に使い，「監査役」を取締役にアピールしてみましょう。

（4）疎外感・孤独感の壁「チェッカーの宿命はつらい！」

監査には，不祥事等のマイナスを極小化するという重要な役割・効用がありますが目にはみえません。不祥事が発生して初めて監査の重要性が認識（しかも監査がしっかりしていれば，こんなことにはならなかったのに，という形で）される宿命にあります。

さらに，監査は人の不注意や誤りを見つけ出して，是正を勧告することが本旨でありますが，監査をされる側からみれば，人のあら捜しをしてうるさいことをいう「嫌な奴」となります。

「あなた」が監査役になったとたん，仲間内の情報の伝達はなくなりますし，監査役職務に精励すればするほど，かつての仲間から敬遠されるようになってゆきます。

会社共同体で育った「あなた」は，さびしい孤独感・疎外感を味わうでしょう。

しかしあなたはこれまで過ごしてきた共同体を「監査対象」として鳥瞰する立場になったのですから，この孤独感・疎外感は積極的に受け入れるべきものなのです。いままでどおりの「仲良しグループ」ではダメなのです。

孤独感を癒すには，いろいろな団体が主催する監査役の研修会に参加して，監査役仲間を作ることです。お互いの切磋琢磨で，監査のノウハウが蓄積さ

れ，自社の健全な発展に寄与できるとともに，孤独感は雲や霧が消えるときのように，あとかたもなく消え失せます。

また，公認会計士とのコラボレートを通じて，プロの監査の有り様を学ぶことで，新たな世界がみえてくるものです。孤独感・疎外感から脱却し，絆感・自立感が生まれてきます。いや，生まれるように自分を鼓舞することが大事なのです。

そのような「あなた」を，社内の同僚や部下達は，これまでと違った「畏敬の念」をもってみるようになり新しい「絆」もできてくるでしょう。

（5）情報の壁「肝心な情報が入らない！」

監査役への情報提供の仕組みはあっても，また調査権を振り回しても提供されるのは小骨まで抜いたサンマの塩焼き。故に工夫が必要とされます。

監査役業務に必要な情報収集の要諦は，取締役や従業員とのコミュニケーションであるといわれています。しかし，監査される側は，それを敬遠するのが人間心理としては当たり前でしょう。特に不都合情報は，漏らしたくないはずです。立場を変えてみれば至極当然のことです。

監査役向けの実務書には，インフォーマルな情報を入手するため，「ノミニケーション等を活用し，慕われる監査役になるべし」と書かれたものもありますが，抵抗感を覚える方もいるでしょう。

人類と類人猿との最大の違いは，言葉によるコミュニケーション能力の差だそうです。「共通の興味または利害」があって，コミュニケーションをする遺伝子がスィッチ・オンされ，それが人類発展のもととなったとのこと。

すなわち，「共通の興味または利害」を触媒にすれば，コミュニケーションが成立するということです。

監査役監査業務の一環である取締役や部課長へのヒアリングの際に，本音を引き出す方法を考えてみましょう。

検察官的な尋問では，相手は防御姿勢に入り本音など出てきませんが，アドバイザー的に相手が困っていることに相談に乗るようにすると比較的本音がでてきます。

たとえば「会社の健全かつ継続的発展」と「あなたのためです」があります。

「一つ嘘をつく(隠す)と，十も二十も嘘を重ねなければ(隠さねば)ならなくなる，また嘘は必ず露見します。正直はあなたのためです」と相手の身になって肩の荷を軽くしてあげること。この場合，上から目線で臨むと逆効果になりますので注意が必要です。

次に，相手が困っていることは即会社の困りごとに発展するものが多いので「会社の健全かつ継続的発展」のため，他部署への渡りをつけるようにする，もしくは全社的な対応で問題を小さなうちに処理するようトップに働きかけるようにするなど，解決の方法を約束します。これは監査役がもつ「特権」の活用のアピールになります。相手の立場が悪くならないように対処策を考え，実行してあげれば監査役への信用が増し，インフォーマル情報もフォーマルに入ってくるようになるでしょう。

監査役業務の醍醐味といってよいでしょう。

取締役が相手の場合のコミュニケーションのキーワードは「株主代表訴訟」と「世間の動向」があります。監査役についての取締役の理解を深める手段として，「株主代表訴訟」の利用を前述しましたが，コミュニケーションについても，利用できます。

「お互い代表訴訟の対象に陥らないよう，情報を交換しましょう」というアプローチがあるのです。監査役からは，他社の失敗事例など参考情報の提供などが有効と思われます。

また，日常の業務で多忙な取締役は，一般の経済動向の情報に飢えている場合もあります。世界経済や日本経済の動向，業界動向さらにはコーポレート・ガバナンスに係る世論や当局動向などの話題は，常に用意しておくと，話がかみ合いやすいといえます。また，それにより自分も鍛えられるのは役得の最たるものです。勉強が「楽しくなる」でしょう。

(6)「通説」の壁①「監査役の守備範囲は違法性監査に限定⁉」

監査には，妥当性に関するものと違法性に関するものがあるといわれています。「妥当性監査は取締役会の権限，違法性監査は監査役の権限である，

したがって妥当性について監査役が口を出すべきではない」という説（いわゆる違法性監査限定論）が世間では広まっています。

　商法学者・法曹からは，妥当性の判断まで監査役の責任にするのは酷だという「思いやり」のある理由から，また経営者からは「監査役は経営について余計な口をはさむな」との理由からでしょうか。

　通説はともかく，実務上合理的監査を遂行するためには「妥当性監査も守備範囲である」ことを実証的に整理しておくことが有効でしょう。

①法解釈論

　会社法第381条第1項は「監査役は，取締役の職務の執行を監査する」と規定しております。取締役の「職務の執行」とは，業務の執行，監督，その他の取締役が関与する仕事全般を含むものです。また，取締役と会社との関係は委任に関する規定に従います（会330条）ので，取締役は，委任の本旨に従った善管義務（会社の発展に全力を尽くす等）を負っています（民644条）。

　監査役は，取締役が委任の本旨に従い職務を執行しているかどうか，万般に渡り監査する，と読むのが素直な読み方であって，「違法性に限定される」とは読めません。

　もっとも最近では，日本監査役協会などの監査実務側からの巻き返し努力もあり，「著しく妥当でない取締役の職務執行は，善管注意義務違反であり，違法である」と止揚された形になってはいますし，違法性・妥当性の区分は無意味だとする実務にそった学説もみられるようになりました。

②判例動向

　判例動向をみても，取締役の判断が著しく妥当でない場合に，それを阻止しなかった監査役の責任が問われるようになってきました（大原町農協事件，ダスキン事件等）。

③立法動向

　立法も，会社法施行規則129条に，内部統制システム監査で「相当でない

と認めるときは…」と規定し，内部統制システムの妥当性判断を監査役の権限としました（2005（平成17）年の会社法改正）。

　2015（平成27）年6月には，上場企業ガバナンスのベストプラクティスとされる「コーポレートガバナンス・コード」（ソフト・ロー）が制定され，「監査役及び監査役会は，…株主に対する受託者責任を踏まえ，…その役割・責務を十分に果たすためには，自らの守備範囲を過度に狭く捉えることは適切でなく，能動的・積極的に権限を行使し，取締役会においてあるいは経営陣に対して適切に意見を述べるべきである。」と規定しました（原則4-4）。

④違法性監査限定論の由来

　しかし，通説といわれる「違法性監査限定論」は，監査役実務遂行の大きな壁になって，監査役の意気を挫けさせ，業務監査を少なからず萎縮させることは否めません。

　そもそも，「妥当性監査・違法性監査論」はどこからきたのでしょうか。大ざっぱですが，歴史の流れを辿ってみます。

　1950（昭和25）年の商法改正で，米国法にならって取締役会制度と代表取締役制度が導入されました。それにともない監査役の権限は会計監査に限定され，業務監査（監督）は取締役会の権限とされました。

　その後，昭和30年代後半の大企業の粉飾決算等不祥事の多発を背景に商法の見直しが進められ，1974（昭和49）年の商法改正で，監査役に業務監査権が復活付与されることとなりました。その際，取締役会の権限と監査役の権限の線引き論として「監査役監査は適法性監査に限定され，妥当性監査は専ら取締役会の権限とする」という論が権威ある商法学者により展開されたのです。この論が引き継がれ，いまだに商法学会や経営者層に通説として根付いているのです。

　しかし，経済社会の高度化・複雑化に応じ，監査役に期待される法的機能も広がっているのが現実です。

⑤実務からの必要性と身の保全

　監査役は，取締役会で「必要があると認めたときは，意見を述べなければ
ならない（会383条1項）」し，取締役会以外の重要な会議等にも出席し「必
要があると認めたときは，意見を述べなければならない。」と規定されてい
ます（監査役監査基準39条1項）。

　明らかに法令に違反する事柄が審議されている場合，法令違反である旨の
意見を表明することは当然ですが，取締役会等重要な会議で審議される事項
は「妥当かどうか」を判断することがほとんどです。取締役のリスク認識が
甘いと監査役が思ったとしても，それは程度問題（妥当性）であるため，つ
い意見を遠慮することになります。結果としてリスクが顕在化して，大きな
損失が発生することになります。これまでの実証研究でも，世間を騒がせた
企業不祥事や特別損失の発生の原因の多くは当初の経営戦略検討の甘さ（妥
当性判断のミス）にあったとされています。

　これは，取締役の善管注意義務違反でもあり，その裏腹として監査役の監
査任務懈怠の責任も問われてしまうことになります。

　企業業績に対する株主の目も厳しくなってきており，コーポレート・ガバ
ナンス論が盛んに議論されています。また，明らかな法令違反は当然のこと，
妥当性判断の誤りで損害が発生した場合も取締役の善管注意義務違反として，
株主代表訴訟や第三者からの損害賠償請求訴訟で問責される事例がみられる
ようになりました。

　あわせて，監査役についても，取締役の善管注意義務違反を阻止しなかっ
たことの責任を問われ，損害賠償の責めを負わされる事例も出てきております。
最近の判例は，「取締役の著しい妥当性の判断ミス」について是正意見を述べ
なかった監査役の責任を積極的に認定する傾向にあるようです。

　さらに不祥事が発生した場合，代表訴訟に持ち込まれる前に調査委員会を
設け，不祥事の原因解明，改善策，責任追及が行われる例が増えていますが，
監査役の責任を広く問う報告書をみるようになっています。

　「著しく妥当でない」と最終的・事後的に判断するのは裁判所，もしくは
調査委員会であって，監査役が実務の流れのなかで事前に妥当性を区別して

判断することはきわめて難しいものです。ゆえに，妥当性全般についても，監査役は目を光らせて，意見を表明していないと，とんでもない責任を問われることになりかねません。「まぁいいか」では済まされません。

妥当性の当否について「健全な猜疑心[※]」で判断し，第三者的視点からの意見を述べ，記録として残しておくことが肝要です。「通説」はわが身を守ってくれません。

(7)「通説」の壁② 「社長解任権のない監査役なんて無力だ！」

社長の首に鈴をつける権限のない監査役が，コーポレート・ガバナンスなど担えるわけがないという批判が外国人投資家からなされています。

取締役会設置会社においては，取締役会が代表取締役の選定および解職を行います（会362条2項）。監査役には，取締役会における議決権はありませんので，代表取締役の選定・解職にはタッチできません。問題のある代表取締役の解職もできないような監査役に，実効性のある監査などできるわけがないというわけです。外国人投資家の目からみれば，そうみえるのも頷けないわけではありません。監査等委員会設置会社に移行する会社が増えている背景の1つです。

しかし，ここで会社法の規定をよく読んでみましょう。

監査役は，取締役の職務の執行を監査し，監査報告を作成する義務を負っています（会381条1項）。監査報告に記載すべき事項には，当該会社の取締役の職務の執行に関し，不正の行為または法令もしくは定款に違反する重大な事実があったときは，その事実を記載することになっています（施規129条1項3号）。そのような事実は株主総会における取締役解任の「正当な理由（会339条）」に該当します。株主総会にその事実を開示し，取締役の選任・解任の判断材料にしようとするものです。

思考のフレームを広げてこの条文を読むと「不正の行為又は法令もしくは

※　「健全な猜疑心」（ロバート・ルービン，米国の銀行家・閣僚）：「世間において常識とみなされていることに対して，疑問を呈する勇気を忘れてはならない。健全な猜疑心こそ，ものごとの裏に潜む本質を見極める近道である」。

定款に違反する重大な事実」には，「相当性の判断」に重大な誤りを犯す（た
とえば企業価値の毀損に無関心・不作為）という「善管注意義務違反」も含
まれるのではないでしょうか。

　同時に，監査役には取締役会が提出する株主総会議案（取締役選任議案）
を調査する義務があります。「問題ある社長（取締役）の再任」という著し
く不当な議案であると認めるときは，株主総会に報告しなければなりません
（会384条）。

　これらの条文によれば，「問題ある社長（取締役）」の解任に関与すること
は，監査役の法的義務になるのではないでしょうか。

　最近の判例（セイクレスト事件H27.5.21大阪高裁）では，監査役は取締
役会に対し，不当行為を繰り返す社長の「代表取締役からの解職」および「取
締役解任決議を目的とする臨時株主総会の招集」を勧告すべき義務があった，
としました。判決について賛否いろいろな説が出されておりますが，「社長
の解任・解職」にも監査役がタッチすべきことを，裁判所が判定した初めて
の事例ではないでしょうか。

　さらに，社外取締役や「スチュワードシップ・コード」を採用する機関投
資家（そこが株主であれば）とのタッグという手段も考えられます。

　実務として「そこまでは…」という批判の声が聞こえそうですが，理論武
装の1つとして，胸に秘めおくのも有効ではないでしょうか。

（8）自信喪失の壁①「監査実務にタッチしたことがない！」

　監査役に選任された多くの方は，長年の業務経験から，総務，財務・経理，
生産，営業などは理解できていても，内部監査の経験でもないかぎり，監査
実務については，知らないのが通常です。法務部門の経験でもなければ，六
法全書を開き，会社法をみることもなかったのではないでしょうか。

　まず，会社法381条の「監査役の権限」から始まり，監査役に関する会社法
の条文，さらには会社法施行規則・会計規則まで目を通します。「監査役は取
締役の職務の執行を監査する」と書いてありますが，監査するとは，一体ど
うすればよいか，具体的にはイメージしにくいものです。本書はそのような

ニーズに応えるべく作成されていますので，大いに参考になることと思います。

さらに，日本監査役協会より公表されている『新任監査役ガイド』や『監査役ハンドブック』(間藤大和・平野俊明・中村直人著，商事法務) など，監査役業務に関する書物は容易に入手できます。日本監査役協会が公表している「監査役監査実施要領」は，監査役の日常業務のマニュアルとして活用できます。

ガイドブック等には，あるべき監査役の心得，あるべき監査業務が記載されています。ガイドブックに従って日常業務をこなすだけでも，結構忙しいものです。

しかしこれだけでは，あまり感心はできません。監査業務をルーチン的に流してしまう弊に陥り結果として問題の把握もできず，問題が顕在化した場合には「忙しそうにしていたのに何をやっていたのだ」と監査役の無力さを嘲り笑われることになるからです（形式主義批判です）。

形式主義から脱し実効性ある監査をするには，ガイドブックが求める監査業務の背景をも洞察して，会社の実情に応じて，ABC管理（重要度に応じた時間配分，リスクアプローチともいう）をすることが不可欠なのです。

たとえば，ガイドブックには，取締役の意思決定に関し，「経営判断原則」が守られているかどうかを監査役はチェックすべしとされておりますが，自分なりの規矩準縄（物事・行動の規準になるもの）をもっていないとABCの判断ができません。的確なファクト・知見に基づいた判断が前提にあって，そこから適切な質問なり意見の開陳がなされるのです。

それが経営判断の是正を促したり，「外部知」を経営に取り入れる「知の仲介」機能（イノベーションの源泉）も果たすことになります。

他社の失敗事例の研究や世間の常識の蓄積，生身の人間が陥りやすい間違いの研究・知見（行動経済学），最新の経営学の理論やフレームワークの勉強などが最も大切なところです。

(9) 自信喪失の壁② 「プロを素人が評価できるのか？」

監査役は，会計監査人の監査の方法または結果の相当性を判断して，監査報告に記載する義務を負っています（計規127条）。

　「会計監査人監査の方法と結果の相当性判断」にかかる意義，留意事項，手順については，ベテラン監査役の知恵を集めた日本監査役協会刊行の「監査役監査実施要領」が参考になります。しかし，プロの公認会計士の監査の方法や結果の相当性を，ド素人である「監査役」が判断できる訳がないというのが，監査役自身の実感でもありましょう。

　このような場合には，目線を変えてみることです。

　会計監査人と監査役は，お互いの強みをもってお互いの弱点を補い合いながら，手抜かりない監査を遂行していく監査のパートナーであります。

　一般論ですが，監査役は会計実務には疎く，監査テクニックに習熟できていない反面，会社の定性的・定量的実情には通じています。一方会計監査人は，監査会社の定性的実情はなかなか把握できない反面，会計実務に詳しく，さらに監査テクニックはお手のものです。両者が連携すれば，監査の品質向上，監査の効率化，コーポレート・ガバナンスの充実・強化への寄与といった効果があるといわれています。お互いがパートナーであるという視点でみれば，「相当性の判断」とは，監査役と会計監査人の連携の効果を冷静に判断するということになります。会計監査人の監査の方法および結果が相当かどうかは，監査役である「あなた」がこれまで培ってきた経験や知識をもってすれば，十分判断できるものです。自信をもって大丈夫です。

　2021年3月期から会計監査人が依拠する「監査基準」が改訂され，「監査上の主要な検討事項（Key Audit Matters：KAM）」を有価証券報告書に記すことが義務化されました。KAMの主なものは，決算において見積りが必要となる事項（たとえば固定資産の減損，関係会社株式の減損，繰延税金資産の回収可能性，貸倒引当金の計上等）です。何をKAMとするかは監査人が監査の過程で監査役と協議のうえで決めます。KAMを決めるには，経営陣の将来予測，考え方を知る必要があり，協議に経営陣も加えて議論することが肝要といわれています。経営陣と会計監査人とのやり取りは，企業人の常識に沿ったものであり，監査役にとって理解不可能なものではありません。会計技術等で不明な点があれば，質問をすればよいのです。ちゃんとした会計士であれば明快に回答をしてくれるはずです。

経営の深層を把握し，監査知見の幅を広げるいい機会です。自信をもって協議に臨んでください。

　なお，監査役が協議するためのマニュアルとして日本監査役協会の「監査上の主要な検討事項（KAM）に関するQ&A」があります。

(10) 過剰監査の壁「オオカミ少年効果，形式主義等の批判」

　法令・規則や監査マニュアルに忠実に監査実務をこなしてゆくと，「過剰監査ではないか」との批判が起きがちです。批判に応え，より有効な監査を進めるために，考え方を整理しておくとよいでしょう。

① オオカミ少年問題

　監査役が「著しく不当な事実ではないか？」との疑念を抱き，会社法382条に基づき取締役会に警告しても，「グレーだが不当ではない」との結論に至ることが多いのでは。それが何回か続くと「あの監査役は，オオカミ少年だ（イソップ寓話の「オオカミ少年」に由来）！いいかげんなことばっかり言う」と批判され，以後の警告も無視される事態になりがちです（オオカミ少年効果といわれます）。それを考えると，監査役は，萎縮してしまいます。

　一方，「居眠り羊飼い（警報を発しない）」を選択すれば波風は立たないが，もし内部告発等で不祥事が露見すれば会社の被る損害は甚大になり，監査役の不作為責任が重く問われます。どちらのリスクも悩ましいが，次のような対応をしたうえで，「オオカミ少年」を選択するのがよいでしょう。

- ・自身の抱いた疑念が独りよがりでないかどうかを同僚監査役や社外取締役に打診し組織的バックアップを取っておく。
- ・さらに必要であれば外部のアドバイザー（弁護士等）の意見を徴しておく（必要な監査費用は，会社に請求（会388条））。
- ・杞憂に終わった場合は，「オオカミが来なくて善かった。予防のおかげだ。監査役はオオカミ少年ではなく，『坑道のカナリア（炭鉱の坑道で有毒ガスを探知するカナリア）』なのだ」と監査役の機能を教諭する。

② 形式主義問題

(ア)「些細な問題に固執」という批判

　万一不祥事が起こった場合の責任問題を回避するために，些末な問題を取り上げては指摘事項にあげて，改善対策を要求する監査態度が「形式主義」として批判の対象になります。

　対処としてABC管理をすべきことは前述しました。しかし批判を気にして些細なことを粗末してはいけません。「蟻の一穴」という諺があります。

　「ハインリッヒの法則」も教訓の1つです。1つの重大事故の背後には29の軽微な事故があり，その背景には300のヒヤリ・ハットが存在するというものです。些細なことでも，「注意喚起」だけはしておくことが必要でしょう。さらに，重大事故につながる恐れがあると思われる場合は，非難を恐れずに指摘し改善を勧告するべきでしょう。改善がみられない場合，遅滞なく取締役会に報告しておくことが（自分の身の安全のためにも）肝要です（会382条）。

(イ)「イノベーションを阻害」という批判

　法令・規則や既存の監査フレームワークにこだわるあまり，パラダイムシフト（社会の規範や価値観が変わること）に適応するイノベーションを阻害しているといわれます。

　日本企業が活力を失い，組織能力の弱体化が進んでいるのは，分析過剰，計画過剰，法令順守過剰という"3大疾病"に陥っているからだと「経営学の泰斗」は警鐘を鳴らしております（『共感経営』野中郁次郎・勝見明著，日経BP社，2020年）。

　経営陣が，法令を順守し，充分な分析をしたうえで計画を立てているか，をチェックするのが監査役の役目。それがイノベーションを阻害することになるとは。現状を謙虚にみてみましょう。

　監査役監査の基準である既存のフレームワーク（「経営判断原則」や「内部統制システム」等）は，産業構造の変化があまりない時代のものであり，パラダイムシフトが進行している現今の会社経営には必ずしもフィットしない場面があります。たとえば「意思決定内容が，通常の経営者として明らか

に不合理でないこと」という原則は，現状を打破する破壊的イノベーション
を受け入れ難くしています。警告は的を得ていると思われます。

　対応策としては，既存の監査フレームワークに最新の経営学の知見をダイ
ナミックに加味し，時流および自社に合った監査フレームワークを構築する
ことです。それで破壊的イノベーションも適正に監査できますし，いわゆる
「攻めの監査（監査の保証機能発揮）」にも対応できます（後述 3 (2)）。

　イノベーションに係る経営戦略論として，「ダイナミックケイパビリティ
理論」，「両利き経営論」，「ストーリーとしての経営戦略論」，「リアル・オプ
ション理論」等々があります。経営戦略論を簡明に解説した本もいろいろと
出ております。参考にされることをお勧めします。

(ウ)「コンダクトリスクが視界外」という批判
　法令順守だけの視点にこだわるあまりコンダクトリスクが視界外になりが
ちという批判があります。一つ一つの行為は，法令に抵触していないが，集
めてみると社会正義に反して世間から非難される行為をコンダクトリスク
（conduct risk）といいます。コンダクトリスクの具体例として，サブプラ
イムローン問題，かんぽ生命の不正問題，一流企業のデータ偽装事件，一流
ホテルの食材偽装事件等が挙げられています。

　コンダクトリスクが重要視されるようになった背景には，社会の企業をみ
る目が厳しくなってきたこと，SNSの発達で情報の拡散が容易になってき
たこと等があります。したがって，コンダクトリスクは世相によりさまざま
な態様で現れるので，詳細・具体的な定義はできず，下手に「法令違反では
ない」と言い訳をすれば，火に油を注ぐことになるという，ヤッカイなもの
です。

　コンダクトリスクの実害は，社会からバッシングを受け，企業の評判を落
とし，不買運動を展開されたりすることです。さらに自社（子会社を含む）
内だけでなく，関連会社を含めたサプライチェーンのなかで社会正義（SDGs
等）に反する取引があると，批判の対象になるようになりました。

　監査役の対応を考えてみましょう。

　まずは，業務監査の場面で法令違反がないことはもちろん，「社会規範・道徳」，「顧客の信頼」，「市場の公正」等社会正義の視点が入っているか，を監査する必要があります。他社のコンダクトリスク失敗事例，社会正義の実現を標榜するNPO法人や先進企業の情報を参考に，「自社が遭遇するかもしれないコンダクトリスク」を具体的にイメージしておくと監査力が高まるでしょう。

　一方，コンダクトリスクの性質上，具体的決め付け・予測は危険です。世相の動向をみながら社会正義を基準にダイナミックにリスク認識をするしかありません。自社に対する顧客のクレーム情報，社員の会社に対する不満，世間の非常識である社内常識等に「コンダクトリスクの芽」がないかを監査することが日常監査のポイントになりましょう。「あなた」の「世相をみる眼力」と「社会正義感」が肝です。経営倫理学の知見が参考になります。

3. 会社に役立っている実感を得るために
－秘めたるパワーの発揮－

　監査役が日常的に目を光らせているがゆえに，今まで不祥事の発生が未然に防げていたのかもしれませんが，それは目にみえません。監査役自身にも「ヤッタ！」という実感はもてません。不祥事が顕在化してその被害を極小化するために何かをしたという場合には，幾分かは会社に貢献したという実感がもてるかもしれませんが，あまり歓迎すべき事態ではありません。しかし，監査役のもつ「パワー」を活用すれば，「不祥事の初期消火」，「収益改善」や「社内文化の革新」に役立ち，監査役の手ごたえを感ずる場面もでてきます。

（1）問題解決の手助け

　ヒアリングに際し部課長等から本音を引き出す方法を前述しましたが，別の角度からみると，監査役は社内の「困っている」情報を引出し，早期解決をトップに促すことができる存在であるといえます。言い換えれば，取締役は自分の守備範囲が決められているため，それを超えては物がみえにくい立場（行動経済学でいわゆる「フレーミング効果の罠」）ですが，監査役の守備範囲は会社全般であり，「困りごと」もそれを会社全体でどう解決するの

が良策であるのかも見渡せる立場にあります。

　ある部門で小さな問題点を抱えている場合，内々で自分たちで処理できると考え，先送りしていることが往々にしてあります。

　「もし，悩み事があるなら，問題が小さいうちにオープンにして，会社全体で早期処理をする方がよい。問題が肥大化してしまってからでは，内々で処理などできなくなってしまうよ。」など，水をむけると胸襟を開いて（思っていることをすっかりうちあけて）くれることがあります。

　そのように問題を引き出し，相手の立場も考慮しながら，会社全体として最良と思われる解決策を勧告し，トップ層に執行を促して，被害を極小化することができるのは，監査役なのです。

　なお，この場合に，「問題発見」とばかりに監査役が自己の存在をアピールし，騒ぎ立てることがあってはなりません。心すべきことであります。また，「物は言いようで角が立つ」で，正しいことをはっきりいうと，かえって相手を意固地にさせることがあります。時と場合により，「指摘方式」，「助言方式」もしくは相手に正論をいわせる「質問方式」を使い分けることが効果的です。「ものの言い方」を工夫して実効性をあげるのも，監査テクニックです。

(2) トップマネジメントへの収益改善の助言・バックアップ

　取締役は自分の守備範囲が決められているため，それを超えてはものがみえにくいといいましたが，守備範囲のなかでは，効率的に仕事が遂行されているはずです（部分最適）。では，各取締役がそれぞれ効率的に仕事を遂行すれば全体がよくなる（全体最適）かというと，必ずしもそうはなりません。

　たとえば，生産部門で売れない商品を効率よく作れば，在庫がたまるだけで，とどのつまり倒産に至る，補修費を効率よくカットした結果大きな事故が発生した，といった笑い話的例があげられます。ガラパゴス現象もその系譜でしょう。

　笑い話ほどではありませんが，日本企業の実証分析をした経営書をみると，日本企業には，部分最適に特化して，それを調整し全体最適とする機能が弱いために収益性の低い企業がよくみられるとのことです（コーポレートガバ

ナンスの充実が喧伝される背景の1つです）。

　全体最適戦略に基づく調整は，トップマネジメントの仕事ですが，トップマネジメント自体が，業務を執行しているため，部分最適の罠（資本の非効率運用）に陥りがちということなのでしょうか。作今アクティビスト（モノ言う株主）が資本の効率運用に問題がある会社をターゲットに，取締役（社長）の選解任に関与する事例が増えています。

　監査役は，特定の業務執行に関わりをもたず，調査権限行使で経営全般を鳥瞰し，全体最適を見通せる存在です。トップマネジメントへの全体最適にかかる助言は，会社の収益性の改善に大いに寄与すると同時に社長をアクティビストの攻撃から守ることにもなりましょう。

　また，トップマネジメントが会社の将来を見据えて，「破壊的イノベーション」に取り組もうとしても，既存部門（相談役・顧問も含む）の抵抗が大きくてうまくいかないことが多いようです（「イノベーションのジレンマ」といわれます）。監査役はこのようなとき，最新の経営戦略論を加味した監査フレームワーク（前述2(10)②（イ））に基づき合理的保証を与えることで破壊的イノベーションをバックアップすることができます。

　「コーポレートガバナンス・コード」の原則4-4が「監査役及び監査役会は，…能動的・積極的に権限を行使し，取締役会においてあるいは経営陣に対して適切に意見を述べるべきである。」と規定している積極的意味は，そこにあるのではないでしょうか。

(3) 社内文化の改新

　社内では何の問題もなく通用している常識が，世間の常識に照らすととんでもない非常識であることがよくあります。それが経営の屋台骨を揺るがしてしまうこともあります。会社共同体に根付いている常識・掟・しがらみ，たとえば「見て見ぬふりを容認する組織文化」があります。仲間内の美風ですが「不祥事の温床」でもあります。

　高級料亭の船場吉兆の「食材使い回し事件」や伊勢名物「赤福」の売れ残り再利用など，行き過ぎた「モッタイナイ思想」が，世間の信用を落として

しまったなど，「他山の石」があちこちにころがっています。「他山の石」を情報発信し，注意を促したり，「世間の常識（あるべき論）」を展開して，社内文化を正常化できるのが監査役なのです。

　この場合も，１人で動くと空回りしますので，監査役同士の団結が必要ですし，社外取締役や改新の志をもつ取締役とタッグを組んで行えば，改新が容易になります。改新を心中に秘めた取締役は，監査役の建前論，正論を期待しているものです。「監査役のおっしゃることは，正論であり，監査役としてのご意見でもあり，軌道修正をせざるを得ません」と監査役を出汁にして，改新を推し進める策士も結構いるものです。

　社内文化の改新は，会社組織の健全化・活性化につながります（BM・損ポ事件，ダイハツ工業事件など，反面教師は多数）。監査役の積極的役割発揮の場面です。監査役の本望ではありませんか。

Q & A

Q1 株式会社の機関設計が複雑でよくわかりません。体系的に理解できるように教えてください。

A1 ◇◇◇

　株式会社の機関設計を体系的に整理するときには，株式会社が大会社か大会社以外か，公開会社か公開会社以外かという区分を基本に整理するとわかりやすいでしょう。会社法の大会社，公開会社の定義は**第1章の6頁**を参照してください。

　上記の区分をもとに株式会社の機関設計をわかりやすく表にすると，下記のとおりです。

| | | 大会社 | 大会社以外（中小会社） | |
		会計監査人設置会社	会計監査人設置会社	会計監査人非設置会社
公開会社		・監査役会設置会社 ・監査等委員会設置会社 ・指名委員会等設置会社	・監査役会設置会社 ・監査等委員会設置会社 ・指名委員会等設置会社 ・取締役会＋監査役	・監査役会設置会社 ・取締役会＋監査役
公開会社以外	取締役会設置会社	・監査役会設置会社 ・監査等委員会設置会社 ・指名委員会等設置会社 ・取締役会＋監査役	・監査役会設置会社 ・監査等委員会設置会社 ・指名委員会等設置会社 ・取締役会＋監査役	・監査役会設置会社 ・取締役会＋監査役 ・取締役会＋会計参与
	取締役会非設置会社	・取締役＋監査役	・取締役＋監査役	・取締役＋監査役 ・取締役

　監査等委員会設置会社または指名委員会等設置会社（**第1章の7～9頁参照**）を選択するためには，株式会社の機関設計上，取締役会と会計監査人を設置する必要があります。

　また，会計参与については，上記の表で会計監査人を設置しない中小会社であり公開会社以外の取締役会設置会社の欄にだけ登場しますが，これ以外のパターンでも任意に設置することは可能です。

監査役会設置会社から監査等委員会設置会社に移行が進んでいる背景と，移行にあたっての留意点を教えてください。

A2

1．移行の背景

　以下のデータのとおり，監査役会設置会社から監査等委員会設置会社へ移行する会社が年々増えていることが読み取れます。当該移行の背景としては，以下のようなことが考えられます。

組織形態の採用比率の推移（東証上場会社）

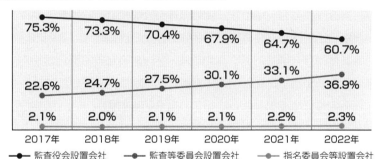

出所：「東証上場会社コーポレート・ガバナンス白書2023」

①ガバナンスの強化

　監査等委員会設置会社制度とは，「代表取締役をはじめとする業務執行者に対する監督機能を強化することを目的として，３人以上の取締役から成り，かつ，その過半数を社外取締役とする監査等委員会が，監査を担うとともに，業務執行者を含む取締役の人事（指名および報酬）に関して，株主総会における意見陳述権を有することとする制度」です。監査役会設置会社においては，監査役は取締役会で意見を述べる権利は有するものの議決権はなく，取締役の人事に関与することはできません。つまり監査役会設置会社と比べる

245

と，監査等委員会設置会社は，業務執行者に対する監督機能が強化されるような設計となっており，監査等委員会の「等」は監督機能を指しています。したがって，ガバナンス強化を志向する会社が，監査等委員会設置会社への移行を選択していることが考えられます。

②社外役員の人数

　監査役会設置会社では，監査役は3名以上でそのうち半数以上を社外監査役とする必要があります。また，コーポレートガバナンス・コードにて独立社外取締役の選任数についての記載があり，たとえばスタンダード市場であれば2名以上の選任が求められているため，監査役会設置会社においては，取締役と監査役をあわせると，社外役員を4名以上確保することが期待されています。

　一方，監査等委員会設置会社においては，取締役である監査等委員は3名以上かつその過半数が社外取締役とされており，少なくとも2名の社外役員を確保すれば，コーポレートガバナンス・コードの定めも満たされることとなります。したがって，社外役員の追加選任が難しい会社が，監査等委員会設置会社への移行を選択していることも想定されます。

2．移行における留意点

　監査役会設置会社から監査等委員会設置会社への移行にあたっては，それぞれの制度の特徴を十分理解したうえで決定すべきであり，留意点の一例としては以下のような内容があげられます。

①監査等委員の適格性

　社外取締役人数の確保の目的から，社外監査役を監査等委員である取締役に選任する場合には，監査の役割に加えて，取締役会が備えるべきスキル・多様性に沿った社外取締役として期待される役割を果たすことができるかについても，十分に検討・説明することが望ましいとされています（経済産業省「コーポレート・ガバナンス・システムに関する実務指針」別紙2参照）。

　また監査等委員は監査役と異なり，取締役として内部監査部門に対する指揮・命令権をもっていますので，監査等委員が積極的に内部監査部門との連携を強化することによる，監査の実効性向上も期待されるところです。

②常勤監査等委員の設置

　監査役会設置会社と監査等委員会設置会社の異同の1つとして，前者は常勤監査役が義務づけられているのに対し，後者においては常勤監査等委員の設置が任意とされている点があげられます。

　監査に携わる役員が常勤である場合にはそうでない場合と比較し，社内の情報をより幅広く適時に集めやすくなります。その結果，会社の現状をタイムリーに把握することができ，より実態に即した監査を行うことが可能になると思われます。また，会計監査人の往査時に非定型のコミュニケーションを行うなど，会計監査人との日常的な接点が増えることで，会計監査への理解をいっそう深め，会計監査人評価の材料を集めやすくなることも考えられます。

　多くの会社ですでに常勤監査等委員を設置しているということからも（**第1章の1.(4)** 参照），監査等委員会設置会社への移行にあたっては，常勤監査等委員の設置の検討が望まれます。

③上場準備会社のケース

　会社法において，会計監査人監査が義務づけられるのは以下①～③の会社です。
　①大会社（会328条第1項・第2項）
　②監査等委員会設置会社及び指名委員会等設置会社（会327条第5項）
　③会計監査人の任意設置を行った会社（会326条第2項）

　したがって，上場準備中の大会社以外の会社が，監査役会設置会社から監査等委員会設置会社に移行した場合，会計監査人監査が義務づけられることとなります。公開準備の段階で，いつから会計監査人の監査を求めるのかは監査法人と慎重に協議すべき事項となりますので，監査等委員会設置会社への移行を検討されている場合は十分に留意が必要です。

Q3
善管注意義務とはどのような義務ですか？
監査役と善管注意義務の関係を教えてください。

A3

1．善管注意義務とは

善管注意義務とは「善良な管理者の注意義務」の略であり，「業務を委任された人の職業や専門家としての能力，社会的地位などから考えて通常期待される注意義務のこと」（『デジタル大辞泉』）をいいます。

2．会社法における規定

会社法においては，株式会社と役員および会計監査人との関係は，委任に関する規定に従うとされています（会330条）。そのため，役員はその職務を行うにつき，善管注意義務を負うことになります（民法644条）。当然，ここでいう役員には，監査役も含まれていますので，監査役には善管注意義務があるということになります。

3．監査役の善管注意義務

監査役の善管注意義務は監査役の最も基本的な義務であり，監査役が適切な監査権限を行使していないなど，監査を怠った場合には善管注意義務違反を問われることとなります。

たとえば，内部統制システム監査義務については善管注意義務の内容をなすことが判例上，明確化されています。また，問題のある取締役会決議内容等に対して，以下のような対応をしている場合には適切な監査権限の行使をしていないとして善管注意義務違反に問われる場合があるため，留意が必要です。

- 異議を述べたり，再調査を要求したり等の事実がない。
- 取締役会での説明を求めなかった。
- 取引の相当性の検証を求めなかった。

会計監査人の監査の方法と結果を「相当」と認める,「相当」とは?

A4 ◇◇◇

　一般に**相当**とは，程度がその物事にふさわしいことをいいます。つまり，会計監査人の監査の方法と結果が，計算書類等に対する監査意見としてふさわしいかどうかを判断することになります。

　監査役が，会計・監査の職業的専門家である会計監査人の監査の方法と結果が「相当」であるかどうかを判断するというのは，一見難しいことです。会社法は「相当」であることの明確な定義や条件を定めていません。では，監査役は「相当」であるかどうかを判断するためにどうしたらよいでしょうか。

　まず，監査役が取るべき対応として2つあります。

① 　会計監査人の監査の方法と結果について，適宜説明を受け**会計監査人の監査のアプローチや重要な監査要点**（ポイント），その結果について**理解**すること。

② 　監査役が計算書類等の意味がわかる最低限の会計の知識を身につけるとともに，会計監査人の会計監査に任せきりにするのではなく，監査役も監査役の視点から**計算書類等を監査**し，**計算書類等を理解**すること。

　そのうえで，監査役は会計監査人について，「会計監査人の適格性」「会計監査人の監査の方法」「会計監査人の監査の結果」の3つについて検討をします。

　会計監査人の適格性とは，この会計監査人で問題ないか，という視点です。具体的には，会計監査人が監査契約から監査報告書の提出までの全期間にわたって職業倫理を遵守し，外観的独立性・精神的独立性を保持していたか，会計監査人の監査の体制・審査の体制・監査の品質管理の体制がそれぞれ必要かつ十分であり，重大な問題がなかったかということです。

会計監査人の監査の方法とは，会計監査人が適切な監査を行ったか，という視点です。具体的には，会計監査人が作成し監査役に説明した会計監査人の監査計画が量（監査日数・往査場所）と質（監査担当者の能力・重点監査項目）の両面から会社の会計監査を行ううえで必要かつ十分であり，実際に監査計画に従って適切に監査手続が行われたかということです。

　会計監査人の監査の結果とは，監査結果（監査意見）について監査役が納得できるかという視点です。具体的には，会計監査人による説明において監査役として納得できない点はなかったか，会社の関連部門（経理・内部監査部門等）の意見や監査役自身が自ら実施した監査の結果との間に重要な齟齬が生じていないかということです。

　このような「相当性」の判断は，各監査役がそれぞれ会計監査人との適時のコミュニケーションにより信頼関係を構築し，各監査役が十分に納得したうえで判断することになります。監査役がこれらを慎重に検討し，特におかしいと考えるところがなければ，通常は，相当と判断しても問題ないと考えられるでしょう。

　会計監査人とのコミュニケーションの過程で疑問に思った場合や意見に相違が生じた場合には，その場その場で解決していくことが，期末における「相当性」の判断において重要となるでしょう。

　また，監査役が会計監査人の監査の方法と結果を相当と認めない場合には，監査役自身が会計監査を実施し，計算書類等に対する意見を監査報告書に記載しなければなりません。すなわち，会社が作成した計算書類等が「一般に公正妥当と認められる会計基準」に準拠して作成されていることや，これらが「会社の財産及び損益の状況をすべての重要な点において適正に表示していること」について，監査役自らが会計監査の意見を表明することになりますので，留意が必要です。

Q5 収益認識基準とはどのような会計基準ですか？ 同基準導入前の実務と比較してどのような影響がありますか？

A5 ◇◇

1．収益認識基準の概要

収益認識基準とは，企業会計基準第29号「収益認識に関する会計基準」および企業会計基準適用指針第30号「収益認識に関する会計基準の適用指針」のことをいいます。これらは，企業会計基準委員会から2018年3月30日に公表されており，2022年3月期の期首から原則適用されています。

これまでは企業会計原則の実現主義の考え方はあったものの，収益認識に関する包括的な会計基準はありませんでしたが，国際的な会計基準（IFRS第15号「顧客との契約から生じる収益」）とのコンバージェンスを図る観点から，収益認識基準が整備されました。

2．収益認識基準の特徴

収益認識基準の主な特徴として，①顧客への支配の移転による収益認識，②5ステップ，③代替的な取り扱い，④適用範囲の4つがあげられます。

①顧客への支配の移転

収益認識基準の基本となる原則は，「約束した財又はサービスの顧客への移転を，当該財又はサービスと交換に企業が権利を得ると見込む対価の額で描写するように収益の認識を行うこと」です。すなわち，売上計上などの収益は顧客への支配の移転に基づき認識することになります。これにより，従来の実現主義での会計処理の場合と比べて，収益を認識する時期や金額が変わる場合があります。

この基本原則に従って収益を認識するために，次の5ステップが適用されます。

②5ステップ

収益は以下の5ステップを適用することにより認識されます。

1）顧客との契約を識別する
2）契約における履行義務を識別する
3）取引価格を算定する
4）契約における履行義務に取引価格を配分する
5）履行義務を充足した時にまたは充足するにつれて収益を認識する

③代替的な取扱い

一部の項目については，これまでの実務に配慮し，財務諸表間の比較可能性を大きく損なわせない範囲で，IFRS第15号における取扱いとは別に，代替的な取扱いを定めています。

5ステップ	代替的な取扱い
1）契約の識別	重要性の乏しい契約変更の取扱い
2）履行義務の識別	重要性の乏しい約束した財またはサービスの取扱い
	支配獲得後の出荷および配送活動の取扱い
4）取引価格の配分	重要性が乏しい場合は残余アプローチを容認
5）履行義務充足による収益認識	期間がごく短い工事契約および受注制作のソフトウェアの取扱い
	通常の期間の船舶による運送サービスの取扱い
	支配移転時まで通常の期間である場合の出荷基準等の容認
	契約初期段階における原価回収基準
	個別財務諸表における有償支給取引の取扱い
	電気事業およびガス事業における使用料または単価の見積り
1）契約の識別，2）履行義務の識別，4）取引価格の配分	契約に基づく収益認識の単位および取引価格の配分の取扱い（要件を満たす場合，個々の契約の財またはサービスの内容を履行義務とみなし，個々の契約の金額に従って収益を認識することができる）
	工事契約および受注制作のソフトウェアの収益認識の単位の取扱い

④適用範囲

顧客との契約から生じる収益であっても以下の取引は収益認識基準の適用外となります。

1) 金融商品会計基準の範囲に含まれる金融商品に係る取引

2) リース取引に関する会計基準の範囲に含まれるリース取引

3) 保険法における定義を満たす保険契約

4) 顧客等への販売を容易するための同業他社との商製品の交換取引

5) 金融商品の組成または取得に際して受け取る手数料

6) 不動産流動化に関する実務指針の対象となる不動産譲渡取引

7) 暗号資産および電子記録移転有価証券表示権利等に関連する取引

3. 実務へ影響の可能性がある主な論点および取引

収益認識基準が適用されたことにより，損益計算書の売上高の金額や販売プロセスなど実務への影響が生じた主な論点および取引は以下のとおりです。

論点	影響の可能性のある取引	影響
本人か代理人か（総額表示と純額表示）	卸売業における取引，小売業におけるいわゆる消化仕入や返品条件付買取仕入，メーカーの製造受託の取引，電子商取引サイト運営に係る取引	代理人と区分された場合，収益は純額（手数料・報酬）で認識
変動対価	値引き，リベート，返金，インセンティブ，業績に基づく割増金，ペナルティ，返品権付きの販売等	売上リベートの見積りや仮価格の精算見込みの影響をより早い時点に反映させる売上リベートを販売費に計上している場合は，収益から減額
顧客に支払う対価	キャッシュバック	顧客への支払を販売費として処理している場合，収益から減額
買戻契約	有償支給取引	買戻義務ありの場合，連結では支給品を在庫に計上 （個別は代替的取扱いあり）
収益認識基準では認められない取扱い	顧客に付与するポイント	一定の場合，ポイント部分の収益計上を繰延べ
	消費税	税込方式は認められない
	割賦販売での割賦基準	割賦基準は認められない
	返品調整引当金	引当金は認められず，予想返品部分に関しては販売時に収益を認識しない

「不正」と「誤謬」の違いは何ですか？
また，発生を防止する方法は？

A6

　不正とは，経営者，従業員または第三者による意図的な正しくない行いです。また，誤謬とは，同様の意図的ではない誤りです。

　両者の最も大きな違いは行為が意図的であるかないかですが，いずれも，それが財務諸表の重要な虚偽記載の原因となる場合，事業活動を阻害する重大な原因となる場合，重要な会社資産の流用となる場合などがあります。よって，事前に不正・誤謬を防ぐ体制を整え，事後的には発生原因を調査し，再発を防ぐための対応策をとらなければなりません。

1．不正の発生原因とその防止法

　不正が発生する条件を「不正のトライアングル」といいます。

動機・プレッシャー：不正を行おうとする誘因となるものです。社会的な地位や名誉，金銭的な利益のみならず，業績向上やノルマといったプレッシャーからの脱出も原因となり得ます。

機会：予防や対策の不備により，行為が実行可能な状態にあることです。管理が甘い場合，業務や権限が特定の人に集中して他者の目が入らない場合には，そのような行いができてしまう状況になり得ます。

姿勢・正当化：正しくない行為について自分を納得させる理由づけをすることです。そのような行為をする際に，本来の自分の倫理観や誠実性を曲げて，仕方がない，やむを得ないと考えることです。

　この３つの要因が揃うと不正は発生しやすいため，これらが揃わないよう

対応をとる必要があります。たとえば，極端なインセンティブやプレッシャー等を与え続けない，相互チェックや担当者の交代などにより第三者の目が入る環境を整備する，倫理教育等を徹底するなどが考えられます。また，不正は意図的であり，心の問題でもあるため，「不正をしても後で必ず見つかってしまう」と思わせることも重要です。

２．誤謬の発生原因とその防止法

誤謬は意図しないエラーであり，発生をゼロにすることは難しいですが，重要な影響を及ぼす誤謬，発生頻度が高い誤謬に対しては事前・事後の対応が必要です。

①人を原因とする誤謬の発生

たとえば，担当者の技量不足，理解不足，不注意，慢心，過度の緊張，慣れていない業務，目標（目的）の取り違え，思い込み，うっかり，確認不足などが原因になり得ます。

このような場合には，担当者の知識を増やし理解を深める，起こしやすいミスを理解し注意する，ミスに自分自身で気づけるように工夫する，難しい仕事は時間をかけ慎重に行う，同僚や上司の助けを借りる，周囲とのコミュニケーションをとる，体調を管理する，目標を的確に捉え意識するよう，確認の大切さを認識して意識的に確認するよう促すといった対応が考えられます。

②環境を原因とする誤謬の発生

担当者の実施後にチェックする体制がない，業務に関するルール・取り決めがない，人の配置換えが行われない，仕事をしにくい環境である，などが原因となり得ます。

このような場合には，実施担当者以外がチェックする体制を整える，ルールを設けて定型化する，配置換えをし緊張感を高める，業務量と業務時間とのバランスを考慮する，担当者を十分に教育する，異常に気付くような工夫をする，ミスが起こった場合でも甚大な損害に発展する前にそれを回避できる仕組みを作る，といった対応が考えられます。

Q7 株主総会資料の電子提供制度とはどのような制度でしょうか？

A7 ◇◇◇

1. 株主総会資料の電子提供制度とは

2019年の会社法の改正により導入された制度で，株主総会の資料（株主総会参考資料，議決権行使書面，計算書類等）を会社のホームページなどのWEBサイトに掲載し，そのWEBアドレスを招集通知等に記載して株主に通知した場合には，株主総会の資料を適法に株主に提供したものとするという制度です（会社法325条の2以下）。

電子提供措置をとる旨を定款で定めた場合，取締役は，株主総会の招集に関する事項（一定の場合には，株主総会参考書類および議決権行使書面に記載すべき事項を含む。）等に関する情報について，電子提供措置をとらなければならない点に注意が必要です。また，取締役は，電子提供措置により提供される情報に関して，株主の利益を不当に害することがないよう特に配慮しなければならないものとされている点にも注意が必要です。具体的な配慮については各社がおかれた個別具体的な事情を踏まえた各社の判断によるものとされていますが，たとえば，以下のような方法が考えられます。

- 提供される情報についてできるかぎり早期にウェブ開示を開始すること
- できるかぎり株主総会までに提供される情報を記載した書面を株主に交付することができるように，ウェブ開示の開始後，準備ができ次第速やかに，当該情報を記載した書面を株主に送付すること。または，株式会社に対して当該情報を記載した書面の送付を希望することができる旨を招集通知に記載して株主に通知し，送付を希望した株主に，準備ができ次第速やかに，当該情報を記載した書面を送付すること
- 株主総会の会場に来場した株主に対して当該情報を記載した書面を交付すること

株主総会の資料について，インターネットを利用して株主に提供するため，

従来かかっていた印刷・郵送の時間を短縮することができ，その分早期に議案を提供できることになり，株主が議案を検討するための時間を確保することができます。また，印刷・郵送にかかるコストが削減されることも主なねらいです。

2. 株主総会資料の電子提供制度の主な手続

　電子提供制度の導入は，定款で電子提供措置をとる旨を定めることで採用できるため（会社法325条の2），原則として会社の任意の判断に委ねられています。ただし，振替株式の発行会社（上場会社）は当該定款の定めを設けなければならないとされているため（社債，株式等の振替に関する法律159条の2第1項），上場会社においては，電子提供制度が強制されています。

　電子提供措置は，株主総会の日の3週間前または招集通知の発送日のいずれか早い日から，株主総会の日後3か月を経過する日まで継続して行うことが求められています（会社法325条の3第1項）。上場会社については，株主総会の日の3週間前よりもさらに早期に電子提供措置を開始するよう努めることが求められています（有価証券上場規程施行規則437条3号）。

　また，電子提供制度を採用する会社は，電子提供措置をとるとともに，アクセス通知と呼ばれる最低限の事項（株主総会の日時・場所・議題，電子提供措置をとっている旨，ウェブサイトのアドレス等）が記載された書面（狭義の招集通知に相当する書面）を作成し，株主総会の日の2週間前までに発出する必要があります（会社法325条の4）。

　なお，インターネットへのアクセスが困難な株主は，書面の交付を株式会社に請求することも可能となっています（会社法325条の5）。

四半期開示制度の見直しについて教えてください。

A8 ◇◇◇

1．概要

　2023年11月に四半期開示制度の廃止を含む金融商品取引等の一部を改正する法律（以下，改正金商法）が成立しました。これによって，第1・第3四半期の開示について，金融商品取引法上の開示義務がなくなり（四半期報告書の廃止），取引所の規則に基づく四半期決算短信に一本化されます。

　一方，第2四半期は改正金商法で定められた半期報告書（以下，新半期報告書）の提出が求められ，会計監査人のレビューが必要となります。提出期限は従来と同様，第2四半期決算日後45日以内となります。

　なお，半期報告書のみを提出する非上場企業の半期報告書においても，新半期報告書の選択適用が可能となっています。

2．適用時期

　改正金商法は，2024年4月1日より施行となります。ただし，2024年4月1日より前に開始した四半期会計期間については，四半期報告書を提出する必要があります。決算期別の開示内容については下記図表のとおりです。

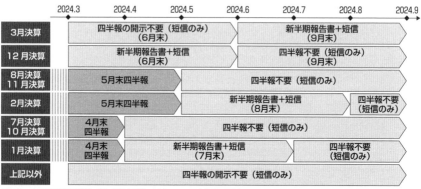

※ ▭：改正法適用時期及び改正法適用後9月末までの四半期開示制度のみ図示。有価証券報告書の期間については記載省略

3. 四半期決算短信

　四半期決算短信は，当面の間は一律義務化されることになります。一本化後の四半期決算短信の内容は従来の四半期決算短信の開示事項をベースに投資家からの要望が特に強い事項（セグメント情報，キャッシュ・フローの情報等）について追加することとされています。

　また，会計監査人のレビューは任意となりますが，会計不正が起こった場合や企業の内部統制の不備が判明した場合等は，一定期間義務づけることが示されています。

4. 新半期報告書

　新半期報告書では，中間連結財務諸表または中間個別財務諸表が開示されることになります。会計処理や開示については，基本的に従来の四半期開示制度の内容を引き継ぐこととされています。たとえば，従来の四半期開示制度で認められていた有価証券の減損処理に関する切放し法や一般債権の貸倒見積高の算定における簡便的な会計処理等は継続して適用することができる見込みです。

　また，開示される中間連結財務諸表または中間個別財務諸表は下記のとおりとなっており，これらに対して会計監査人のレビューが求められることになります。

中間連結財務諸表	中間個別財務諸表※
中間連結貸借対照表	中間個別貸借対照表
中間連結損益計算書	中間個別損益計算書
中間連結包括利益計算書	―
中間連結キャッシュ・フロー計算書	中間個別キャッシュ・フロー計算書
注記	注記

※中間連結財務諸表を開示する場合には，中間個別財務諸表の開示は不要となります。

KAMとは何ですか？
また，監査役はどのような対応をとる必要がありますか？

A9

KAMとはKey Audit Matters（監査上の主要な検討事項）の略であり，監査人が当年度の財務諸表の監査の過程で特に重要であると判断した事項です。「監査基準」の改訂によって，監査人の監査報告書に記載が義務付けられました。監査報告書にKAMを記載することにより，企業ごとの監査の重点事項が明確になり，監査の透明性を高まることが期待されています。

KAMは原則として2021年3月期決算にかかる財務諸表の監査から適用されています。適用対象会社は以下のとおりです。

- ・上場会社
- ・非上場の有価証券報告書提出会社（最終事業年度の貸借対照表・損益計算書において，資本金5億円未満又は売上高10億円未満，かつ負債総額200億円未満の企業は除く）

なお新規上場会社においては，金融商品取引法に基づく有価証券届出書に添付される監査報告書にはKAMの記載が必要となりますが，新規上場申請のための有価証券報告書（Ⅰの部）に関しても同様の監査報告書が添付されていることが想定されており，2021年3月期以降については，直前々期，直前期においても一定規模以上の場合にはKAMの記載が必要となります。

1．KAMの適用会社における会計監査人の監査報告書の記載

監査報告書に記載されるKAMは，財務諸表利用者に対し，会計監査人が実施した監査の内容に関する情報を提供するものであり，監査意見の位置付けは何ら変わるものではないため，監査意見とは明確に区別されています。

監査報告書のひな型については，**第5章の146〜148頁を参照してください。**

２．KAMに関する監査役の対応

　監査役は，経営者の職務の執行を監査・監督する立場にあり，会計監査の面では会計監査人の監査とその結果の相当性を判断し，監査役の監査意見を表明する立場にあるため，KAMの対応においても監査報告書の利用者の理解に資するため積極的な関与が求められます。

①会計監査人との協議

　KAMは会計監査人が監査役と協議した事項の中から選定されるため，監査役の役割は重要となりますが，監査役は，監査の期間を通して下記の対応が必要となります。

	会計監査人	監査役
監査契約締結段階	KAMの適用に伴う監査見積時間及び報酬額への影響の説明	KAMの適用に伴う監査見積時間及び報酬額への影響の確認 会社法監査へのKAMの適用の有無の確認
監査計画段階	当期にKAMに選定する可能性のある領域とその理由，対応する監査手続の説明と協議	会計監査人のKAMの候補が適切であるかの検討
期中段階	期中監査手続を通したKAM候補の見直し（追加・入替・絞り込み） KAM候補及び記載案の具体的な協議，記載案の策定	事象や状況の変化，新たな事実の発見など，監査人の監査に影響を及ぼす可能性のある事象等について積極的に協議
期末監査	KAM候補の最終的絞り込み 期末監査前のKAM記載案の暫定的な確定 意見表明時のKAMの記載内容の最終確定	KAMの記載内容の確認 ・協議済みであること ・事実であり誤解が生じないこと ・有価証券報告書記載事項と不整合がないこと（事業等のリスク・MD&A・監査の状況・監査役監査の状況等） ・会社固有の情報であり解りやすいこと ・未公表情報が含まれていないこと

②経営者とのコミュニケーション

　監査役は，経営者・監査人・監査役等の連携を円滑に行うため，特に以下の場合には，経営者に対して，主導的に働きかける必要があります。

・KAMとなりうる事項・事象が新たに発生した際に，執行側の見解が定まらない場合

・有価証券報告書記載事項について，KAMとの不整合や経営者が情報開示に難色を示すなど見解相違が生じるまたは生じる可能性がある場合

Q10 倫理規則の改訂とこれに基づく非保証業務の事前了解のプロセスはどのようなものですか?

A10

　会計監査人の独立性に関して，国際会計士倫理基準審議会（The International Ethics Standards Board for Accountants：IESBA）の倫理規程改訂に基づいて，日本公認会計士協会は，「倫理規則」を改訂しました。2022年12月15日以後開始する会計期間に適用され，改訂倫理規則のうち，監査人の独立性に関連する以下の項目について留意する必要があります。

非保証業務の提供 ＊非保証業務：監査や保証以外の業務	(1)（PIE監査クライアントに対し）監査業務を提供する監査法人およびネットワークファーム（以下，監査法人等）は，自己レビューという阻害要因が生じる可能性のある非保証業務の提供が制限されます。 (2)監査法人等は従来重要性の判断やセーフガードの適用により提供が許容されていた非保証業務をご提供することが制限されます。 (3)（PIE監査クライアントに対し）監査法人等が非保証業務を提供するには，監査役等とのコミュニケーションを実施し，事前に了解を得ることが必要となります。
報酬	(1)報酬依存度（監査意見を表明する会計事務所等の総収入のうち，特定の監査クライアントからの総収入が占める割合）に関し，PIEについては15%を基準として，セーフガード，開示，辞任（5年）に関するルールが定められます。 (2)監査法人等の報酬に関する情報の透明性向上（開示，監査役等とのコミュニケーション）が図られます。 (3)監査報酬に対する監査以外の業務の報酬が高い割合を占める場合，独立性に対する阻害要因が生じる可能性がある旨の規定が追加されています。

※PIE（Public Interest Entity）：社会的影響度の高い事業体。公認会計士法における大会社等および会計事務所等が追加的に社会的影響度の高い事業体として扱うこととした事業体をいいます。

　これにともない，たとえば上場会社において，会計監査人が会計に関するアドバイザリー業務などの非保証業務を提供する場合や，会計監査人のネットワークファームである税理士法人が税務に関するアドバイザリーなどの非保証業務を提供する場合，業務概要や提案する報酬根拠および金額のほか，独立性の検討結果などを監査役等に通知のうえ，事前に了解を得る必要があります。自己レビューという阻害要因の生じる可能性がある場合には，阻害要因が許容可能な水準にあるという評価の基礎や，阻害要因を除去するかもしくは許容可能な水準にまで軽減するために講じる対応策などを通知することが求められています。

Q11
上場会社に求められる「コーポレートガバナンス・コード」とは,どのようなものですか?

A11

　コーポレートガバナンス・コードとは,金融庁と東京証券取引所が取りまとめを行い,2015年6月から上場会社に対して,その適用が求められるようになった,上場会社が守るべき行動規範を示した基準のことです。5つの基本原則と30の原則,38の補充原則という3段階の階層で構成されていましたが,2018年6月に改訂,2021年6月に再改訂され,原則は31に,補充原則は47となっています。

　まず,5つの基本原則ですが,「株主の権利・平等性の確保」「株主以外のステークホルダーとの適切な協働」「適切な情報開示と透明性の確保」「取締役会等の責務」「株主との対話」の5つです。それぞれの基本原則の下で制定された原則については,右ページをご覧ください。

　コーポレートガバナンス・コードの特徴は,「原則主義」を採用していることです。原則主義とは,基準等ではある程度基本的な考え方を示し,その考え方をどのように踏まえて実践するかということは,各企業の判断に委ねる方法です。具体的には,「コンプライ・オア・エクスプレイン」ということで,企業の判断で,各コードの中で実施(コンプライ)しないものがある場合には,実施しない理由を会社自らが説明(エクスプレイン)するという対応をすることになります。

　上場会社のコーポレートガバナンス・コードの順守状況は,各社のホームページのIR情報等にある,コーポレートガバナンス報告書で確認をすることができます。なお,新興市場であるグロース市場に上場している会社については,5つの基本原則のみについて,コンプライ・オア・エクスプレインが求められています。

　なお,当該コードは今後も見直しがありますので,留意してください。

【コーポレートガバナンス・コードの基本原則と原則の構成】

第1章　株主の権利・平等性の確保　【基本原則1】
原則1－1．株主の権利の確保
原則1－2．株主総会における権利行使
原則1－3．資本政策の基本的な方針
原則1－4．政策保有株式
原則1－5．いわゆる買収防衛策
原則1－6．株主の利益を害する可能性のある資本政策
原則1－7．関連当事者間の取引

第2章　株主以外のステークホルダーとの適切な協働　【基本原則2】
原則2－1．中長期的な企業価値向上の基礎となる経営理念の策定
原則2－2．会社の行動準則の策定・実践
原則2－3．社会・環境問題をはじめとするサステナビリティを巡る課題
原則2－4．女性の活躍促進を含む社内の多様性の確保
原則2－5．内部通報
原則2－6．企業年金のアセットオーナーとしての機能発揮

第3章　適切な情報開示と透明性の確保　【基本原則3】
原則3－1　情報開示の充実
原則3－2　外部会計監査人

第4章　取締役会等の責務　【基本原則4】
原則4－1．取締役会の役割・責務（1）
原則4－2．取締役会の役割・責務（2）
原則4－3．取締役会の役割・責務（3）
原則4－4．監査役及び監査役会の役割・責務
原則4－5．取締役・監査役等の受託者責任
原則4－6．経営の監督と執行
原則4－7．独立社外取締役の役割・責務
原則4－8．独立社外取締役の有効な活用
原則4－9．独立社外取締役の独立性判断基準及び資質
原則4－10．任意の仕組みの活用
原則4－11．取締役会・監査役会の実効性確保のための前提条件
原則4－12．取締役会における審議の活性化
原則4－13．情報入手と支援体制
原則4－14．取締役・監査役のトレーニング

第5章　株主との対話　【基本原則5】
原則5－1．株主との建設的な対話に関する方針
原則5－2．経営戦略や経営計画の策定・公表

出所：株式会社東京証券取引所「コーポレートガバナンス・コード（2021年6月版）」

「監査法人のガバナンス・コード」とはどのようなものですか？
また，なぜ監査法人にもガバナンス・コードが必要なのでしょうか？

A12 ◇◇

1．「監査法人のガバナンス・コード」の内容

「監査法人のガバナンス・コード」（以下，「ガバナンス・コード」）は，「コーポレートガバナンス・コード」と同じく，原則主義とコンプライ・オア・エクスプレインという2つの前提のもとで，監査法人に対して各法人のガバナンス体制を公表することを期待され，2017年3月に金融庁から公表され，2023年3月に改訂されました。

「ガバナンス・コード」では組織的な経営体制など，大手監査法人を前提とした箇所もありますが，上場会社の監査を担当する一定規模以上の監査法人では，この「ガバナンス・コード」をすでに採用しています。

そして，2021年11月に「会計監査の在り方に関する懇談会」で取りまとめた論点整理や，2022年1月に「金融審議会公認会計士制度部会」で取りまとめた報告書において，上場会社を監査するすべての監査法人にガバナンス・コードの受入れを求めることとされました。そのうえで，上場会社監査を行う中小監査法人等における受入れにも馴染み，監査法人の規模・特性等に応じた実効性のある内容となるよう改訂がなされました。

「ガバナンス・コード」は，①監査法人が果たすべき役割，②組織体制（経営機能），③組織体制（監督・評価機能），④業務運営，⑤透明性の確保の5つの原則とそれぞれの原則のもとでのいくつかの指針から構成されています。そして，2021年11月に「会計監査の在り方に関する懇談会」で取りまとめた論点整理や，2022年1月に「金融審議会公認会計士制度部会」で取りまとめた報告書において，上場会社を監査するすべての監査法人にガバナンス・コードの受入れを求めることとされました。そのうえで，上場会社監査を行う中小監査法人等における受入れにも馴染み，監査法人の規模・特性等に応

じた実効性のある内容となるよう改訂がなされました。

2.「ガバナンス・コード」の必要性

　監査法人では，監査に責任をもつ業務執行社員とそのもとで監査を実施する公認会計士等で構成されるチームで監査が行われます。一方で，監査チームが属する監査法人がどのような審査体制を有しているか，構成員に対する教育研修が適切に実施されているか，また監査法人自体のマネジメント体制はどのようになっているか，というように監査法人のガバナンス体制そのものも監査契約を結ぶ上場会社等にとっては重要な情報です。

　したがって，監査役としては，契約している監査法人が「ガバナンス・コード」を採用しているか，採用している場合には，その「ガバナンス・コード」の内容を確認することも必要な監査手続と考えられます。

Q13 上場会社で開示が必要なリスク情報とは具体的にはどのようなものですか？

A13

　上場会社が提出する有価証券報告書のなかで，「事業等のリスク」という項目があります。これがリスク情報といわれるものです（以下，リスク情報）。上場会社は，投資家の判断に重要な影響を及ぼす可能性のある事項をリスク情報として開示する義務があります。有価証券報告書を作成するにあたって，金融庁の企業内容等開示ガイドラインでは，次のような記載例をあげています。

> ①会社グループがとっている特異な経営方針に係るもの
> ②財政状態，経営成績及びキャッシュ・フローの状況の異常な変動に係るもの
> ③特定の取引先等で取引の継続性が不安定であるものへの高い依存度に係るもの
> ④特定の製品，技術等で将来性が不明確であるものへの高い依存度に係るもの
> ⑤特有の取引慣行に基づく取引に関する損害に係るもの
> ⑥新製品及び新技術に係る長い企業化及び商品化期間に係るもの
> ⑦特有の法的規制等に係るもの
> ⑧重要な訴訟事件等の発生に係るもの
> ⑨役員，従業員，大株主，関係会社等に関する重要事項に係るもの
> ⑩会社と役員又は議決権の過半数を実質的に所有している株主との間の重要な取引関係等に係るもの
> ⑪将来に関する事項について

出所：「企業内容等開示ガイドライン」C個別ガイドライン・Ⅰ「事業等のリスク」に関する取扱いガイドラインより抜粋。

　リスク情報は上場会社が提出する有価証券報告書の「第一部　企業情報　第2　事業の状況　3．事業等のリスク」の部分に記載されています。

　このリスク情報をみるうえで注意すべきことは，リスク情報は投資家の投資判断に影響を及ぼす可能性をもとに会社が記載するものですので，ここに例示しているような事象そのものを必ずしも否定しているわけではないということです。当然のことですが，企業経営には常にリスクがつきものですので，リスクをすべて回避していては経営そのものが成り立ちません。あくまでも会社に存在しているリスクを網羅的に把握したうえで，それらのリスクにどのように対処するかが重要です。同業の上場会社や経営上参考とする上場会社がどのような点をリスクとして認識しているかは，監査の視点を考えるうえで役に立つでしょう。

　また，ここでガイドラインが例示しているのは，あくまでも記載例にすぎません。上場会社では上記の記載例をリスク情報記載の参考にしていますが，各社で自社のリスクを分析して，リスク情報として開示が必要と判断した情報を有価証券報告書で開示しています。したがって，会社の規模や業種などによって，記載内容は異なります。

　上場会社でも，設立後経過年数が浅く，株式上場からあまり経過していない会社の場合などは，社歴が長い東証プライム市場に上場している企業とはリスク情報の記載の仕方も大きく異なります。たとえば，求人情報をメディアで運営するある会社の場合は，特定の事業への依存率が高いことや，インターネットを利用した事業の参入障壁の低さから想定される競合，特定の取締役への依存度の高さなど，ベンチャー企業が抱えるリスクを開示しています。

　会社経営にとってのリスクというと，経営者自身もつい否定的に捉えがちですが，監査役の立場で，このように他社のリスク情報の事例を参考にしながら，自社で想定されるリスクの情報を収集，分析したうえで，経営者とのディスカッションの際に，これらのリスクについての経営者の認識を確認するのも，監査役の役割ではないでしょうか。

Q14

サステナビリティ経営と情報開示について，監査役はどのように対応すべきですか。

A14 ◇◇

1．サステナビリティ経営への対応

　昨今，環境や社会，ガバナンスなどさまざまな課題に対応しながら長期的な企業価値向上を図る「サステナビリティ経営」の重要性が高まっています。サステナビリティとは「持続可能性」を意味しますが，かつては慈善事業や本業以外の社会貢献として位置付けられることもあった環境問題などへの対応が，企業が持続的に存続し成長するための経営課題になりつつあります。

　サステナビリティ経営は「環境（Environment）」，「社会（Social）」および「ガバナンス（Governance）」の頭文字を取り，ESG経営と表現されることもあります。サステナビリティ経営では，気候変動問題を含む「環境」や，人的資本や人材の多様性，人権問題を含む「社会」，コンプライアンスの徹底や企業経営の透明性向上を含む「ガバナンス」など，さまざまなサステナビリティ課題への対応が求められます。

　このような課題の中身や重要性は企業によって異なりますが，サステナビリティ課題への対応が，株主や投資家だけではなく，従業員や顧客，仕入先，地域住民などさまざまなステークホルダーの期待に応えることとなり，ひいては長期的な企業価値向上に繋がると考えられます。取締役はこのことを理解し，社内体制の構築を含めサステナビリティ課題への対応を考慮した企業経営に取組む必要があります。サステナビリティ課題への対応が適切になされず，企業価値を大きく毀損することとなれば，取締役は会社に対する善管注意義務違反に問われる可能性もあります。監査役は，サステナビリティ課題への対応を含む取締役の取組みの適正性について監査する必要があります。

2．サステナビリティ情報開示への対応

　企業にとって，サステナビリティ経営の実践により企業価値を長期的に向上させることが重要ですが，そのためには企業の取組みをステークホルダーに適切に開示することも重要となります。サステナビリティ情報開示は統合報告書などの自主開示が実務の中心でしたが，昨今では制度開示にも取り入れられています。**Q & A**11に記載の「コーポレートガバナンス・コード」においては，2021年6月の再改訂により「上場会社は，経営戦略の開示に当たって，自社のサステナビリティについての取組みを適切に開示すべき（補充原則3-1③抜粋）」とされました。また，2023年1月の「企業内容等の開示に関する内閣府令」等の改正により，2023年3月31日以後に終了する事業年度に係る有価証券報告書等において，「サステナビリティに関する考え方及び取組」の記載欄が新設されました。

　公益財団法人財務会計基準機構（FASF）に設置されているサステナビリティ基準委員会（SSBJ）において，国内のサステナビリティ情報開示基準の開発が進められており，今後，有価証券報告書等におけるサステナビリティ情報開示が拡充されていくことが想定されます。他の開示と同様ですが，監査役としてサステナビリティ情報開示が適時適切になされる体制が企業に構築されていることを，監査を通じて確認する必要があります。

参考文献

國吉信男，松永望，山崎滋，加藤孝子著『監査役実務入門（3訂版）』国元書房，2021年。

新日本有限責任監査法人編『新規上場を目指す経営者のためのIPOガイドブック2023』2023年。

EY新日本有限責任監査法人編『IPOをやさしく解説！上場準備ガイドブック（第5版）』同文舘出版，2022年。

高橋　均『監査役監査の実務と対応（第8版）』同文舘出版，2023年。

千代田邦夫『監査役に何ができるか：会社を守る。（第2版）』中央経済社，2013年。

㈱東京証券取引所「コーポレートガバナンス・コード」2021年6月11日

中村直人，仁科秀隆編著『監査役・監査等委員・監査委員ハンドブック』商事法務，2021年。

（公社）日本監査役協会『新任監査役ガイド（第7版）』2023年3月14日。

（公社）日本監査役協会「役員等の構成の変化などに関する第22回インターネット・アンケート集計結果」2022年5月18日。

（公社）日本監査役協会会計委員会「改訂版『会計監査人との連携に関する実務指針』」2021年7月30日。

（公社）日本監査役協会会計委員会「会計不正防止における監査役等監査の提言―三様監査における連携の在り方を中心に―（最終改正）」2016年11月24日。

（公社）日本監査役協会，日本公認会計士協会「監査役等と監査人との連携に関する共同研究報告（改正版）」2021年4月14日。

日本公認会計士協会監査・保証基準委員会「監査基準報告書240『財務諸表監査における不正』」2023年1月12日。

八田進二監修，一般社団法人日本公認不正検査士協会編『企業不正対応の実務Q＆A』同文舘出版，2011年。

浜辺陽一郎『よくわかる監査役になったら事典：会社法完全対応版』中経出版，2008年。

索 引

さ

た

【執筆者紹介】（五十音順）

〈EY新日本有限責任監査法人〉

〔編集責任者〕

井澤　依子（いざわ・よりこ）　第3事業部　パートナー

ソフトウェア業，製造業，IPO準備会社等の監査に従事するとともに，EYにおける様々なナレッジ発信業務（企業会計ナビ，情報センサー，セミナー企画・講師，書籍執筆等）に関与。

河村　　剛（かわむら・つよし）　第3事業部　パートナー

製造業，テクノロジーなどの様々な業種の上場会社の監査に従事するとともに，IFRS導入支援やIPO準備会社の監査等に従事。EYシンガポールや金融機関への出向経験も有する。

曽木　貴子（そぎ・たかこ）　Forensics事業部　パートナー

会計監査業務に従事後，不正対応・不正調査業務を専門とするForensics事業部に異動。各種調査委員会にてデジタル・フォレンジック等の調査実務に従事。

〔編集者〕

井上慎太郎（いのうえ・しんたろう）　第2事業部　シニアマネージャー

消費財，外食産業，建設業，テクノロジーなどの様々な業種の上場会社の監査に従事するとともに，IPO準備会社の監査や助言に従事。日本公認会計士協会の監査・保証実務委員会の委員としての活動経験も有する。

依田　慶士（よだ・けいじ）　第2事業部　マネージャー

食料品製造業，素材業，医療機器製造業等の上場会社の会計監査に従事するほか，IFRS導入支援，学校法人，国公立大学法人の監査業務，アドバイザリー業務を経験。

〔執筆者〕

植松　　勉（うえまつ・つとむ）　［第7章］

弁護士，日比谷T&Y法律事務所　パートナー

会社法を中心とした企業法務が専門。東京弁護士会法制委員会商事法制部会部会長，東京弁護士会会社法部副部長，司法試験・司法試験予備試験考査委員（商法）などを歴任。著書に『会社役員　法務・税務の原則と例外』（編著，新日本法規出版），『新・取締役会ガイドライン』（共著，商事法務）などがある。詳しくは，https://uematsu-law.com

山本　正（やまもと・ただし）[終章]

昭和39年農林中央金庫入庫。福島支店長，高松支店長，企画管理部長等を経て，監事就任。その後，宇部興産株式会社常任監査役，イーストウエストコンサルティング株式会社監査役などを歴任。

現在，一般社団法人ディレクトフォース監事，日本経営倫理学会ガバナンス研究部会員。

一般社団法人ディレクトフォースについて詳しくは，http://www.directforce.org

〈EY新日本有限責任監査法人〉※第7章，終章を除く執筆者

大町　聡志（おおまち・さとし）　第2事業部　マネージャー

製造業，人材派遣業，メディア・エンターテインメント業界，ソフトウェア開発会社などの監査業務に従事。IFRS・USGAAP適用会社の監査，IPO準備会社の監査や助言など，幅広い監査業務に携わる経験を有する。

小野　文恵（おの・ふみえ）　第4事業部　マネージャー

サービス業・小売業を中心に様々な業種の上場会社の監査に従事するとともに，複数のIPO準備会社の監査業務及び上場支援に関するアドバイザリー業務に従事。

久保　慎悟（くぼ・しんご）　品質管理本部 会計監理部　シニアマネージャー

食品製造業の監査に従事した後，品質管理本部 会計監理部にて，会計処理等の相談対応，法人内外への情報発信を行いつつ，財務会計アドバイザリーにも従事。書籍執筆、記事寄稿も多数実施。

竹俣　勝透（たけまた・かつゆき）　第5事業部　マネージャー

建設業，不動産業，ホテル業，REIT，旅客運輸業などの様々な業種の上場会社等の法定監査に従事するとともに，温室効果ガス排出量に関する非財務情報の保証業務に従事。

中川　寛将（なかがわ・のりまさ）　第3事業部　シニアマネージャー

製造業を中心とした上場会社の監査，IPO準備会社の監査や助言に従事。EYトランザクション・アドバイザリー・サービス株式会社（現 EYストラテジー・アンド・コンサルティング株式会社）に在籍中にM&Aや企業組織再編に伴うアドバイザリー業務を多数実施。

山本　寛喜（やまもと・ひろき）　西日本事業部　シニアマネージャー

鉄鋼，製薬，鉄道など様々な業界の会計監査に従事するほか，IFRS導入支援業務やIPO支援業務，サステナビリティ開示支援業務等に従事。サステナビリティ開示関連の外部情報発信にも積極的に取り組む。

EY | Building a better working world

EY新日本有限責任監査法人について

EY新日本有限責任監査法人は，EYの日本におけるメンバーファームであり，監査および保証業務を中心に，アドバイザリーサービスなどを提供しています。
詳しくはey.com/ja_jp/people/ey-shinnihon-llc をご覧ください。

EYは，「Building a better working world ～より良い社会の構築を目指して」をパーパス（存在意義）としています。クライアント，人々，そして社会のために長期的価値を創出し，資本市場における信頼の構築に貢献します。
150カ国以上に展開するEYのチームは，データとテクノロジーの実現により信頼を提供し，クライアントの成長，変革および事業を支援します。
アシュアランス，コンサルティング，法務，ストラテジー，税務およびトランザクションの全サービスを通して，世界が直面する複雑な問題に対し優れた課題提起（better question）をすることで，新たな解決策を導きます。
EYとは，アーンスト・アンド・ヤング・グローバル・リミテッドのグローバルネットワークであり，単体，もしくは複数のメンバーファームを指し，各メンバーファームは法的に独立した組織です。アーンスト・アンド・ヤング・グローバル・リミテッドは，英国の保証有限責任会社であり，顧客サービスは提供していません。EYによる個人情報の取得・利用の方法や，データ保護に関する法令により個人情報の主体が有する権利については，ey.com/privacyをご確認ください。EYのメンバーファームは，現地の法令により禁止されている場合，法務サービスを提供することはありません。EYについて詳しくは，ey.comをご覧ください。

本書は一般的な参考情報の提供のみを目的に作成されており，会計，税務およびその他の専門的なアドバイスを行うものではありません。EY新日本有限責任監査法人および他のEYメンバーファームは，皆様が本書を利用したことにより被ったいかなる損害についても，一切の責任を負いません。具体的なアドバイスが必要な場合は，個別に専門家にご相談ください。
ey.com/ja_jp

2013年 7 月25日	初　版　発　行	
2014年 7 月25日	第 2 版　発　行	
2016年 6 月25日	第 2 版 3 刷発行	
2017年10月25日	第 3 版　発　行	
2020年 8 月31日	第 3 版 4 刷発行	
2021年 3 月10日	第 4 版　発　行	
2023年 6 月30日	第 4 版 5 刷発行	
2024年 3 月25日	第 5 版　発　行	
2024年 7 月 1 日	第 5 版 2 刷発行	略称：EY監査役(5)

監査役監査の基本がわかる本（第5版）

編　　者	EY新日本有限責任監査法人
発 行 者	中 島 豊 彦

発行所　同 文 舘 出 版 株 式 会 社
東京都千代田区神田神保町 1 –41　〒101-0051
営業 (03) 3294-1801　編集 (03)3294-1803
振替 00100-8-42935 https://www.dobunkan.co.jp

©2024 Ernst & Young ShinNihon LLC.
All Rights Reserved.
Printed in Japan

製版　一企画
印刷・製本　萩原印刷
装丁　藤田美咲

ISBN978-4-495-19905-0